알 카에다와 국제 테러조직

최 진 태 지음

도서출판 대영문화사

머리말

테러의 역사를 통해 가장 비극적인 사건으로 기록되고 있는 9·11 미국 테러가 발생한 지 벌써 4년 여가 지났다. 미국은 9·1·1 직후 곧바로 테러의 배후로 오사마 빈 라덴이 이끄는 알 카에다를 지명하고, 알 카에다의 본거지가 있는 아프간에 대한 대테러 보복전쟁을 개시했다. 대테러 전쟁의 주된 목적 중 하나는 알 카에다를 해체시키고 리더인 빈 라덴을 체포하여 법의 정의 앞에 새우는 것이었다. 아프가니스탄에 대한 대테러 전쟁은 끝났지만 알 카에다와 빈 라덴에 대한 전쟁은 아직도 계속되고 있다.

미국의 끈질긴 추격에도 불구하고 오사마 빈 라덴은 아직까지 건재하며, 알 카에다 역시 조직을 정비하고 본격적인 활동을 개시하려는 움직임이 포착되고 있다. 지난 4월 23일에는 미국의 추적을 비웃기라도 하듯이 알 카에다가 아랍 위성 방송 알자지라를 통해 빈 라덴의 육성 테이프를 공개했다. 이번에 공개된 테이프에는 팔레스타인의 하마스 정부에 대한 서방권의 원조 중단 문제, 수단 다르푸르(Darfur) 사태, 이슬람 창시자 마호메트 만평 문제 등을 언급하면서 "서방 국가들이 이슬람을 상대로 벌이는 십자군 전쟁의 책임을 해당국 국민들도 똑같이 져야 한다."고 밝혀 서방 국가의 국민들을 대상으로 한 연쇄적인 테러의 정당성을 확보하고 아울러 또 다른 테러에 대한 암시적인 입장을 나타냈다고 할 것이다. 이번 육성 테이프에서 나타난 특징은 빈 라덴이 미국 대(對) 알 카에다가 아닌 서방 대(對) 이슬람권의 대립각을 전면적으로 세워가는 전략을 추진하고 있다는 것이다. 이는 알 카에다는 단순한 일개 테러조직이 아닌 이슬람 세계의 중심축 역할을 수행하는 이슬람 수호자로서의 이미지를 구축하고, 빈 라덴은 이슬람권 전체의 지도자라는 인식을 확산하려는 의도로 풀이된다.

빈 라덴의 '경고' 메시지가 공개된 지 하루 만에 이집트의 시나이반도 동쪽에 위치한 다합(Dahab)에서 연쇄적인 폭탄 테러가 발생했다. 폭탄 테러가 발생한 지역은 외국인들이 즐겨 찾는 관광 명소로 서방에 대한 공격이며, 친(親)서방 정책을 표명해 온 이집트에 대한 보복 공격임이 분명해 보이며, 알 카에다가 어떤 형태로든지 간에 개입되어 있다고 분석된다. 그 이유는 알 카에다는 다른 여타의 테러조직과 다르기 때문이다. 알 카에다는 이제 테러의 대명사가 되어 버렸다. 빈 라덴의 메시지는 테러를 독려하는 성스러운 임무 부여의 수단이 되고 있기 때문이다.

테러의 3대 구성 요소는 테러의 주체, 테러의 대상, 그리고 테러의 수단 등이다. 이 중에서 테러의 주체는 특정 목적을 달성하기 위해 테러를 적극적이고 주도적으로 수행하는 당사자, 즉 테러를 수행하는 테러조직을 말한다. 테러의 주체는 국가 또는 단체뿐만 아니라 테러를 수행하는 개인도 테러의 주체가 될 수 있다. 세계 각국에서 활동하고 있는 테러의 주체인 테러조직은 비밀스럽고, 점조직으로 구성되어 있어 그들의 실체를 파악하기는 매우 어렵다. 테러의 주체인 테러조직의 존재가 테러리즘의 출발점이라고 하는 측면에서 볼 때 테러의 주체에 대한 정확한 정보의 파악은 그 무엇보다 중요한 일이라고 할 것이다. 따라서 인류의 적인 테러조직의 실체를 파악할 수 있는 정보 수집과 함께 테러조직의 전술 및 전략의 변화에 대한 이해는 포기할 수 없는 영역이라고 할 수 있다.

알 카에다는 테러의 중심에 서 있는 조직이다. 따라서 테러의 주체에 대한 파악을 할 때 알 카에다는 표준이 될 수 있을 것이다. 알 카에다의 기원과 역사는 물론 전략과 전술, 그리고 국제적인 연계 네트워크를 파악하는 것은 테러조직에 대한 전반적인 이해의 출발점이 될 수 있을 것이다.

이 연구는 테러의 대명사가 되어 버린 알 카에다에 대한 철저한 해부를 통해 테러조직의 일반적인 이해는 물론, 주요 세계 테러조직에 대해 개괄적으로 이해함으로써 테러의 주체를 파악하고자 한다. 테러와의 싸움에서 적을 아는 것이 승리의 전제 조건이기 때문이다.

이 연구를 위해 기초 자료를 조사하고, 초안을 준비하는 과정에서 많은 분들의 도움을 받았다. 그 중에 한국테러리즘연구소의 연구원으로 활동했던 이강일 군에게 감사의 마음을 전하고 싶다. 이강일 군은 저자가 1999년 3월에 연구소 홈페이지를 개설한 직후부터 연구소 홈페이지를 열심히 방문하면서 날카로운 질문을 가장 많이 했던 중학생이었다. 테러 문제에 대한 관심이 유별났고, 테러 및 대태러에 대한 상당한 수준의 정보와 지식을 가진 이강일 군은 테러 및 대테러 보안 전문가가 되겠다는 꿈을 가지고 있다. 테러에 대한 대응에서 훌륭한 인적 자원은 가장 기본적인 요소이다. 이강일 군과 같이 테러 문제에 관심을 가진 미래의 전문가들이 많이 양성되기를 기대한다. 이강일 군은 현재 강원대학교 정치외교학과를 휴학하고 군복무중이다. 신성한 군복무를 마치고 건강하게 다시 만날 날을 기대하며, 다시 한 번 고맙다는 말을 전하고 싶다.

이 연구는 '국가 안전 · 생명 보장'을 모토로 대테러 강국, 한국의 이미지 제고에 기여하고 있는 국내 유일의 대테러 전문기업 씨엔에스디펜스(주)의 지원에 힘입어 수행되었음을 밝혀 둔다. 테러와 전쟁에서 이기는 길은 테러의 주체에 대한 정확한 이해라는 사실을 아무리 강조를 해도 지나치지 않을 것이다. 테러의 주체에 대한 이해의 출발을 가능하도록 해 주신 씨엔에스디펜스(주)의 조현욱 사장님께 감사를 드리는 바이다.

2006년 6월

선릉연구소에서 최진태

차 례_ CONTENTS

제1부

테러의 대명사 알 카에다 해부

제 1 장

기원과 역사

제1절 이름의 기원

'알 카에다'라는 이름은 아랍어 정관사 '알(Al)'과 '카에다(Qaeda)'가 합쳐진 단어로 카에다는 영어로 'base', 'foundation', 'groundwork', 'basis' 등 여러 가지 뜻이 있으나, 서방 정보기구나 언론에서는 보통 알 카에다를 'the Base'로 해석하고 있다.

'알 카에다'라는 이름은 이제 전 세계 정보기관이나 언론들 사이에서 이슬람 테러리즘을 대표하는 중요한 단체의 이름이지만, 정작 그들 스스로는 알 카에다란 이름을 사용하지 않는다. 사실 '알 카에다'라는 이름은 미국이 지어 준 이름으로, 본래는 오사마 빈 라덴(Osama bin Laden)의 개인 파일에 언급된 '카에다 알 지하드(Qaida-al-Jihad: the base of the Jihad)'라는 단어를 미국 연방수사국(Federal Bureau of Investigation: FBI)가 알 카에다라고 부른 것이 시초였다. 카에다 알 지하드라는 것은 그 이전까지 하나의 단체를 의미하는 것이기보다는 말 그대로 '이슬람 성전(Jihad)의 중심(Qaida)'이라는 뜻을 나타낸 단어였다.

'알 카에다(Al Qaeda)'라는 이름이 어디서 나왔는지는 분명치 않다. 여기에는 여러 가지 설이 있다. 먼저 이슬람 전문가인 사아드 알 파기(Saad Al-Fagih) 박사의 주장에 의하면, 1988년 소련-아프간 전쟁 당시 오사마 빈 라덴은 성전에 참여하기 위해 이슬람 지역에서 온 수많은 무자헤딘들의 안부를 가족들에게 전하기 위해 이들을 문서화하는 작업을 시작했는데 이 때 '두루마기'라는 뜻의 '알 카에다'라는 명칭이 생겨났다는 것이다.

알 카에다란 이름의 기원에 대해 또 다른 주장이 있다. 저명한 알 카에다 전문가 로한 구나라트나(Rohan Gunaratna)는 그의 최근 저서 『인사이드 알 카에다: 테러의 글로벌 네트워크(*Inside Al Qaeda: Global Network of Terror*)』에서 알 카에다라는 이름은 오사마 빈 라덴의 스승인 압둘라 아잠(Abdullah Yusut Azzam)이 그의 수필집에서 썼던 al-Qaida al-Sulbah(the solid base)에서 나온 것이라 주장했다.

이 밖에 2001년 10월 영국의 SF 잡지 *Ansible*은 홈페이지에 알 카에다라는 이름이 유명한 과학소설(Science Fiction: SF) 작가인 아이작 아시모프(Isaac Asimov)의 고전 『*The Foundation*』(1951)과 깊은 관련이 있다는 주장에 대한 기사를 실었다. 그 기사에서 *Ansible*은 SF 작가 차이나 미에빌(China Miéville)의 말을 인용, 빈 라덴이 아랍에서 널리 읽혀진 소설 『*The Foundation*』을 읽었을 가능성이 크고, 여기서 알 카에다에 대한 힌트를 얻었을 것이라 주장했다.

제2절 조직의 역사

알 카에다의 역사를 파악할 때 주목해야 할 중요한 역사적 사건과 인물이 있다. 그것은 이슬람의 광대한 테러리즘 네트워크와 알 카에다의 형성에 결정적 계기가 된 1979년 소련-아프간 전쟁과 알 카에다의 역사와 함께한 오사마 빈 라덴이다.

소련-아프간 전쟁은 1978년 4월 27일 누르 모하메드 타라키(Nur Mohammed Taraki) 정권이 다우드 아프간 대통령을 밀어내기 위해 쿠데타를 일으킨 사건이 도화선이 되었다. 타라키 정권은 친소련파로 소련군의 지원을 받아 중화기로 무장하고 있었다. 결국 쿠데타 발생 며칠 만에 다우드 대통령은 피살되고 정부는 몰락하여 공산당 세력인 인민민주당의 타라키가 새로운 정부를 출범시켰다.

그러나 타라키 정권은 초기부터 흔들리기 시작했다. 다우드는 철저한 마르크스주의자로 이슬람 세력과 대립했고 여러 가지 정책, 특히 토지개혁과 지방자치제 폐지 등의 정책에서 아프간 전역의 부족들과 마찰을 빚었다. 또한 군대 내부에서까지 충돌이 일어나, 결국 정권 출범 수개월 만에 아프간 전역에서 정부군과 반정부 게릴라의 무력 충돌이 발생했다. 타라키 정부가 이러한 무력 분쟁으로 난항을 겪자 소련은 이를 지원하기 위해 군사고문단을 파견했다. 그러나 1979년 4월 아프간 북부에서 소련인들이 이슬람 게릴라들에 의해 살해되고 8월에는 군사고문단과 이슬람 게릴라 간의 충돌이 발생하여 내전은 점점 확산되었다. 그뿐만 아니라 타라키 정권 내에서도 쿠데타가 발생하여 아프간 전체가 전쟁으로 극심한 혼란에 빠져들었다. 결국 이러한 내전을 정부군이 해결할 수 없다고 판단한 소련은 1979년 12월 15일 아프간을 전면적으로 침공하여 사태의 직접 수습에 들어갔다.

소련군이 반정부 게릴라들을 몰아내고 빠른 속도로 아프간을 점령해 나갈 무렵, 중동의 이슬람 국가는 큰 충격에 빠졌다. 이교도 군대가 이슬람 국가를 점령하고 지도자를 마음대로 교체했다는 사실은 이슬람인들을 분노로 몰아넣기에 충분한 것이었다. 소련에 대한 분노는 이슬람 전체에 확산되었고 수많은 젊은 이슬람 청년들이 아프간으로 가 무자헤딘으로서 소련과 싸울 것을 원했다. 알 카에다의 창시자 오사마 빈 라덴 역시 그런 청년들 중 한 명이었다. 그는 소련에 대항한 성전을 위해 파키스탄으로 가서 신병들을 모집하기 시작했으며, 또한 이들을 훈련시킬 캠프를 개설했다. 곧 중동 전역에서 수천 명의 무자헤딘이 모였고, 이들은 빈 라덴의 훈련 캠프를 거쳐 아프간으로 들어가 성전에 참여했다.

이렇게 빈 라덴이 무자헤딘으로서 아프간에서 성전에 참여할 수 있는 통로의 역할을 수행하던 도중 그는 그의 정신적 지주 압둘라 아잠을 만나게 된다. 아잠은 이슬람 성전의 아버지라 불리는 유명한 학자로 그 역시 빈 라덴처럼 무자헤딘을 모집하여 훈련시키고 아프간으로 보내는 일을 하고 있었다. 빈 라덴은 곧 아잠을 스승으로 모시고 그의 수하로 들어갔다.

빈 라덴과 아잠은 그 후 1980년대 중반 알 카에다의 모체 조직인 Maktab al-Khadamat(MAK)를 창설했다. MAK는 전 세계 이슬람 전사 네트워크로서 1980년대 후반에 들어서는 이슬람 국가 전 지역에 지부를 두어 이 네트워크를 통해 수많은 이슬람 전사들이 모여들었다. 이 네트워크에는 성전에 참여하기 위한 일반 이슬람인들뿐 아니라 세속 정권의 이슬람 원리주의 운동에 대한 탄압을 피해서 모여든 테러리스트들도 있었다. 사실상 MAK는 이슬람 테러리즘 네트워크의 중심이었다. 또한 빈 라덴은 이 작업을 수행하면서 전 세계의 이슬람 전사들과 교우하며 친분을 쌓았다. 이미 이 시기에 알 카에다를 중심으로 한 거대한 이슬람 테러리즘 네트워크의 기초가 형성되고 있었던 것이다.

1980년대 중반 빈 라덴은 아이만 알 자와히리(Ayman al-Zawahiri)라는 이집트 출신의 이슬람 원리주의 테러리스트를 만나게 되는데, 그는 이집트에서 사다트 암살 혐의로 이집트 당국의 수배를 받던 테러단체 알 지하드(Al Jihad)의 리더였다. 그는 추적을 피해 아프간으로 피신중이었는데, 두 사람은 절친한 관계가 되었으며, 자와히리는 알 카에다의 창설에 핵심적인 역할을 했다.

1986년 빈 라덴과 알 자와히리는 MAK에서 분리하여 새로운 단체의 창설을 결심했다. 그는 MAK의 소유가 아닌 자신들의 훈련 캠프를 건설하기 시작했다. 전쟁중에도 이 단체는 파키스탄의 페샤와르를 중심으로 세력을 확장해 나갔다.

1988년 소련-아프간 전쟁 당시 이슬람 국가에서 온 무자헤딘들이 성전에 참여하기 위해 아프간으로 몰려들었다. 그런데 이 무자헤딘들의 체계적인 관리가 되지 못해 수많은 사람들이 죽었으나 그 가족들은 죽었는지 살았는지 어디서 어떻게 죽었는지 알 길이 없었다. 당시 빈 라덴은 여러 개의 사무실을 운영하고 있었는데 가족의 안부를 묻는 수백 통의 전화에 몹시 당황했다. 빈 라덴은 전쟁터에서 싸우는 무자헤딘들의 소식을 여러 이슬람 지역에 전하고, 전사한 무자헤딘들의 가족들에게 소식을 알리기 위해 이들의 관리를 좀더 체계화할 필요가 있음을 깨달았다. 빈 라덴은 무자헤딘들의 행적을 추적하여 기록으로 남긴 문서에 '카에다 알 지하드(Qaida-al-Jihad)'라는 용어를 사용하기 시작했다.

1989년 압둘라 아잠이 암살당하자 MAK는 붕괴되고, 알 카에다는 MAK의 중요한 조직원들을 모두 흡수했다. 알 카에다는 새로운 조직원들을 흡수하고, 이슬람 테러리스트들을 받아들이면서 군사 전략보다는 폭탄, 암살 등의 테러 전략에 주력하기 시작했다. 또한 파키스탄에 위치한 무자헤딘 캠프는 이슬람 테러리스트들의 훈련소이자 테러리즘의 중심이 되었다.

1989년 말 소련은 기나긴 전쟁과 자국 내 혼란 등 여러 가지 난제를 견디지 못해 결국 철군을 결정했다. 소련의 패배로 소련-아프간 전쟁이 종결된 후, 빈 라덴은 고국 사우디아라비아로 돌아왔다. 그리고 알 카에다는 아프간 내에서 조직을 유지하며 상주하고 있었다.

1990년 8월 2일 이라크가 쿠웨이트를 침공하자, 빈 라덴은 사우디 왕가에게 이라크 격퇴에 아프간에서의 실전 경험이 풍부한 자신과 아프간 귀환병들을 써줄 것을 제안하며, 무슨 일이 있어도 이교도의 군대를 끌어들이는 일만은 없어야 한다고 주장했다. 그러나 사우디 왕가는 빈 라덴의 제안을 묵살했다. 그리고 1991년 초 미국 주도의 다국적군의 사우디 주둔을 허용했다.

빈 라덴은 이에 크게 탄식하며 사우디 지식인과 성직자들과 함께 반미 운동을 전개하면서 사우디 왕가에게 이교도의 군대를 철수시키고 이슬람의 정통성을 찾을 것을 촉구했다. 그러나 사우디 왕가는 걸프전이 끝난 후에도 미군을 계속 주둔시키기로 결정하고, 빈 라덴의 대중적 인기를 두려워하여 그에게 압력을 가했다. 사우디 왕가의 갖은 회유와 협박에 신변의 위협을 느낀 빈 라덴은 결국 수단으로 망명했다.

수단에서 빈 라덴은 새로운 사업을 시작하게 된다. 당시 수단은 이슬람 테러리즘을 지원하기 위해 많은 돈을 저금해 두었던 국제상업대부은행(Bank of Credit and Commerce International: BCCI)의 붕괴로 큰 어려움에 처했고, 빈 라덴과 같은 지식인이 필요했다. 이러한 사정에 처해 있는 수단 정부의 지도자 하산 압둘라 알 투라비(Hassan Abdula al Turabi)의 적극적인 도움으로 빈 라덴은 기존의 이슬람 금융 시스템을 대체할 매우 정교하고 효율적인 금융 시스템을 구축했다. 이 금융 시스템은 수단에게만 도움이 된 것이 아니었다. 중동 전체의 이슬람 테러리스트들은 지금까지 더욱더 안전하게 돈을 주고받는 것이 가능해졌다.

그뿐만 아니라 빈 라덴은 이슬람 세계의 저명 인사들과 동포애그룹이라는 단체를 창설하여 테러리스트들을 미국이나 영국 등 서방으로 보내고 은신처를 제공해 주었다.

빈 라덴은 수단에서 무역업, 농업, 건설업에 손을 대며 여기에서 나온 수익금으로 이슬람 테러리즘을 지원했다. 또한 수단의 카르툼에 알 카에다 본부를 설치하고 훈련 캠프를 건설하여 알 카에다 대원을 육성했다. 1994년 초 빈 라덴과 알 자와히리는 미국과 서방에 대항할 성전을 위해 이들과 아프간 귀환병들을 중심으로 하여 지휘 체계를 구성하고 본격적으로 움직일 준비를 했다. 이 때 빈 라덴은 이란과 레바논의 헤즈볼라와 협력 관계를 맺고 발칸반도에서 전쟁이 벌어졌을 때 무자헤딘들을 파견하여 이슬람 동지들을 지원했다. 또한 1993년 말 테러리스트들을 미국으로 보내기 위해 유럽에 알 카에다 본부를 설치함으로써 미국에 대한 테러리즘을 준비했다. 이처럼 알 카에다는 각국의 이슬람 테러리스트들과 네트워크를 형성해 갔다. 이슬람 테러리즘은 나날이 발전했으며 알 카에다 역시 그와 더불어 수단을 중심으로 세력을 확장했다. 빈 라덴은 이러한 노력과 이슬람 테러리즘의 발전에 대한 기여로 그는 국제적인 이슬람 운동에서 절대적인 존재가 되었다.

한편 사우디 정부는 빈 라덴의 명성이 높아지는 것을 원하지 않았다. 1993년 사우디 정부는 사우디 내 빈 라덴의 모든 재산을 동결 조치하고 그를 현상 수배했으며 또한 그의 시민권을 박탈했다. 이렇게 사우디와 빈 라덴의 갈등이 심해지면서 빈 라덴은 사우디 왕가의 정통성을 의심하기 시작했고, 마침내 사우디 왕족을 전복하고 새로운 정통 이슬람 국가를 세울 것을 결심했다. 또한 사우디와 그의 친족들의 계속적인 비난에 대응하고 사우디와 서방 정부에 대한 비난 성명을 발표할 조직의 필요성을 깨닫게 되어 이에 1994년 이 임무를 수행할 Advice and Reform Council(ARC)라 불리는 자문·개혁위원회를 조직했다.

빈 라덴은 이슬람 테러리즘 네트워크에서 명성이 높아졌으며, 이후 발생한 여러 테러 사건에 개입하기 시작했다. 1995년 6월 26일 에티오피아 아디스아바바에서 이집트의 무바라크(Muhammad Hosni Mubarak) 대통령에 대한 암살 미수 사건이 발생했다. 이는 이집트 국가 내 원리주의 테러리스트에 의한 국내적인 문제로 보였으나 사실 이 테러리스트 단체는 수단과 이란의 사주를 받은 것으로 밝혀졌다. 1995년 11월 13일 사우디의 리야드에 소재한 국가 수비대 건물 앞에서 차량 폭탄 공격이 발생하여 미군 5명과 인도군 2명이 사망하고 60여명이 부상당하는 사건이 발생했다. 이 사건은 특히 미국을 겨냥했던 것으로 분석되는데, 발생 시간이 미국인들이 가장 많았을 시간이었기 때문이다.

이러한 테러 행위들은 이슬람 테러리스트 지원국들과 테러리스트 간부들이 이미 오래 전에 계획하고 합의한 작전이었다. 물론 빈 라덴도 이 작전에 연계되어 있었다. 이는 중동 전체의 이슬람 혁명운동 단체들에게 큰 영향을 주었으며 그들의 투쟁 의지를 높여 주었다. 또한 사우디와 이집트는 국가 안보적 위기감을 느끼기 시작했다.

수단은 빈 라덴의 도움으로 이슬람 테러리즘을 발진시키고 확산시킬 수 있었으나 곧 사우디와 미국의 거센 압력을 받기 시작했다. 사우디는 압력과 함께 빈 라덴을 추방시키는 것에 대한 대가로 석유와 자금 등 경제적 보상을 제의했다. 당시 수단은 심각한 경제난에 시달리고 있던 터라 이 제의를 무시할 수 없었다. 결국 1996년 빈 라덴을 포함하여 수단에 소재해 있던 알 카에다 모든 조직이 수단 정보부의 보호하에 아프간으로 비밀리에 이동했다.

1996년 5월 빈 라덴과 알 카에다는 파키스탄 정보국 ISI(Inter-Services Intelligence)의 지원으로 아프간에 도착하자마자 캠프와 훈련장을 구축하고 정착에 들어갔다. 아프간의 탈레반(Taleban) 정부 역시 빈 라덴을 환영하고 알 카에다를 적극적으로 도왔다. 빈 라덴은 소련-아프간 전쟁 때 큰 공을 세운 영웅이었고, 탈레반 역시 그것을 잘 알고 있었다. 빈 라덴 일행은 아프간에서의 재정비를 마치고 세속 정권을 괴멸시켜 정통 이슬람 국가를 건설하기 위한 본격적인 행동에 들어갔다.

1996년 6월 25일, 사우디 아라비아 다란의 미 공군 종합 건물인 코바 타워의 외부에서 트럭에 설치된 폭탄이 터져 미군 19명이 죽고 수백 명이 부상당하는 사건이 발생했다. 각 이슬람 단체들이 이 사건들을 지지하고 세속 정권을 비판하는 성명을 발표했고, 테러리스트 단체는 서로 자기들이 사건의 주범이라고 주장했다.

이 사건이 발생하고 8월 23일, 빈 라덴은 아프간에서 장문의 정책교서를 발표했다. 이는 서방과 미국에 최초로 보내는 지하드의 선언이었다. 이 정책교서는 빈 라덴의 반미 성향과 그와 알 카에다의 주적(主敵)을 확실히 보여 주었다. 이전까지의 이슬람 테러리즘을 봤을 때 분명 반미 성향이 강하긴 했지만 그래도 주적은 중동의 세속 정권이었다. 이로써 빈 라덴이 미국을 성전의 대상으로 지정했다는 것이 공식적으로 확인되었다.

이후 빈 라덴과 알 카에다는 이란과 수단의 적극적인 도움으로 전 세계 이슬람 테러리스트 지도자들과 자주 회합을 가지면서 이슬람 운동의 부흥과 미국에 대한 테러리즘을 논의했다. 알 카에다는 실제로 1997년 룩소르 관광객 학살사건과 동년 12월 6일 인도에서 발생한 연쇄폭탄 테러사건 등 몇 건의 테러리즘에 깊이 관여하기도 했다.

빈 라덴은 1998년 2월 23일, 그의 동료 아이만 알 자와히리의 이집트 지하드, 방글라데시 지하드, 알 가마 알 이슬라미아(al-Gama'a al-Islamiyya), 파키스탄 이슬람학회와 함께 '십자군과 유대인에 저항하는 국제 이슬람 전선(the World Islamic Front for Jihad Against Jews and Crusaders)'이라는 파트와(Fatwa: 특정한 행동 실천을 요구하는 일종의 종교적 명령서)를 확정했다. 이 파트와에서 그들은 미국을 비난하고 미국을 공격할 것을 다짐했다. 또한 미국인을 죽이는 것은 모든 이슬람인들의 개별적인 임무이며 미국에 대항하는 성전에 참여할 것을 촉구했다.

1998년 초 빈 라덴과 알 자와히리는 미국과의 성전에 대비하여 알 카에다의 이슬람 테러리즘 네트워크를 발전시키는 데에 전념했다. 가장 먼저 빈 라덴은 알 카에다와 연계된 수많은 이슬람 성전 단체와의 네트워크에서 조직 간의 상하 체계를 재조정하는 일을 시작했다. 이를 위해 빈 라덴과 각 테러단체의 지도자는 회의 끝에 최고 자문기구를 설치하여 이슬람 테러리즘 네트워크의 명령 체계를 통일시켰다.

빈 라덴이 성전에 대비한 확실한 준비를 마친 얼마 후 미국에 대한 강력하며 실질적인 테러 공격을 자행했다. 1998년 8월 7일 동아프리카의 케냐, 탄자니아의 미 대사관에서 동시에 강력한 폭탄이 터졌다. 이 테러로 250명이 사망했으며 5,500명이 부상당했다. 또한 폭발의 충격으로 두 대사관 건물 모두 큰 타격을 입었으며 그 근처 건물들도 모두 붕괴되었다.

이 사건은 미국에 이 때까지 발생한 어떤 테러리즘보다 더 큰 충격을 안겨 주었다. 이 사건은 알 카에다에게는 파트와 이후 미국에 대한 첫 번째 직접적이고 실질적인 테러리즘이었다. 또한 빈 라덴과 알 카에다라는 존재를 미국에게 확실하게 각인시켰다.

8월 20일, 미 해군은 아프간과 수단에 위치한 빈 라덴의 훈련 캠프와 생화학무기 시설물로 추정되는 지역에 75~80발에 이르는 크루즈 미사일을 발사했다. 공습 후 클린턴(Bill Clinton) 대통령은 기자 회견에서 이번 공습의 목표는 테러리스트 본부를 공습하여 테러리즘 지원자이자 이슬람 테러리스트인 오사마 빈 라덴에게 타격을 입히는 것이라 밝혔다.

이 공습은 미 정부가 빈 라덴을 미국 최대의 적으로 인정하는 것을 의미했다. 초강대국 미국이 일개 테러리스트 두목에게 타격을 주기 위해 미 해군을 동원한 것은 상당히 이례적인 일이며, 놀라운 일이었기 때문이다. 그러나 미국의 보복 공격으로 알 카에다가 입은 피해는 그다지 크지 않았다. 그뿐만 아니라 강대국 미국에 타격을 준 빈 라덴은 이슬람 세계에서 영웅이 되었다.

미국은 우방국과 협력하여 빈 라덴과 알 카에다 조직을 분쇄하기 위한 행동을 개시했다. 먼저 동아프리카에서 발생한 두 건의 연쇄 폭탄테러의 범인들을 색출하고, 체포하기 시작했다. 나이로비, 우간다, 런던에서 수많은 알 카에다 조직원들이 체포되었다. 그리고 미 법무부는 오사마 빈 라덴과 또 다른 알 카에다의 지도자인 무하마드 아테프(Mohammed Attef)를 케냐, 탄자니아 미 대사관 폭탄테러 사건의 주범으로 기소했다. 또 1999년 6월 7일 빈 라덴을 FBI의 'Ten Most Wanted Fugitive'에 올렸다.

미국은 빈 라덴뿐 아니라 빈 라덴을 지원했던 국가에도 테러에 대한 책임을 물었다. 이에 아프간의 탈레반 정부가 경제 제재 조치로 인해 무역 및 거래가 중지되고 미국 내 탈레반 자산이 모두 동결되었다. 동년 10월 16일 UN도 아프간에 경제 제재 조치를 내리고 빈 라덴을 추방할 것을 요구했다. 그러나 탈레반은 이 요구를 모두 거절했다.

한편 빈 라덴은 1999년 알 카에다와 알 자와히리가 지도자로 있던 정복의 선봉(Talaa' al-Fate: 이집트 지하드)을 공식적으로 통합했다. 알 자와히리는 명실상부한 빈 라덴의 오른팔이자 알 카에다의 2인자로서 입지를 굳히게 되었다. 1999년부터 빈 라덴은 미국의 공습을 받고 있던 이라크와 급속도로 가까워졌다. 이라크는 사우디와 미국에 대항하기 위해 알 카에다의 힘이 필요했다. 이라크는 알 카에다에게 은신처 제공 등의 편의를 제공했고 빈 라덴은 기꺼이 이를 받아들였다. 이렇게 알 카에다와 이라크는 협력 관계를 맺었다.

알 카에다는 1998년 케냐, 탄자니아 테러 이후 미국에 대한 몇 번의 테러작전을 수행했지만, 거의 사전에 적발당해 실패했다. 1999년 워싱턴 포트 앤젤레스에서 아흐메드 레삼(Ahmed Ressam)이라는 알제리인이 체포되었다. 그의 목적은 새천년 행사에 폭탄을 터뜨리는 것이었다. 그는 알제리 무장 이슬람 집단인 GIA 소속 테러리스트였으나 이 작전 역시 알 카에다가 깊이 개입되어 있던 것으로 밝혀졌다.

그러나 얼마 후 미국에 대한 알 카에다의 두 번째 성공적인 테러리즘이 발생했다. 2000년 10월 5일 예멘 아덴 항에 정박중이던 미 구축함 콜호(號)가 폭탄을 실은 보트에 의해 자살 공격을 당했다. 이 공격으로 배의 측면에 커다란 구멍이 뚫리고 미 해군 17명이 사망, 39명이 부상당했다. 그런데 그로부터 1년도 채 지나기 전에 알 카에다는 미국을 향한 사상 최대의 테러작전을 감행했다.

2001년 9월 11일, 19명의 테러리스트가 4대의 미국 항공기를 납치하여 뉴욕의 세계무역센터 빌딩과 버지니아의 국방부 펜실베이니아의 섕크빌(Shankville) 지역으로 돌진하는 사건이 발생했다. 이 사건으로 2,749명의 사망자가 나왔으며 부상자만 7,000명 이상에 달했다. 또한 세계무역센터가 두 건물 모두 완전 붕괴되었고 국방부도 큰 타격을 입었다. 이 피해는 일본의 진주만 공습 당시 입었던 피해보다도 큰 것으로 미국은 역사상 전례를 찾아볼 수 없는 사태에 경악했다.

부시 대통령은 9·11 당시 오전 플로리다 주 사라소타 소재 초등학교에서 교육개혁에 대한 연설 도중 이 긴급 사태를 보고받고 워싱턴 귀환길에 올랐다. 부시 대통령은 전국에 생중계된 연설을 통해 미국을 겨냥한 테러가 분명하다고 판단하고 관련 기관에 사고 경위와 테러에 대한 전면조사에 즉각 착수하도록 지시했다. 이에 따라 미 정부는 주요 관청 외에도 워싱턴 국회의사당과 뉴욕 유엔본부, 월스트리트, 시카고 시어스 타워 등 전국 주요 도시 건물에 경계령을 내렸으며, 뉴욕 증시의 주식 거래도 무기한 폐장하는 등 긴급 안보 태세에 돌입했다.

부시 대통령은 발표에서 9·11테러의 주범은 빈 라덴과 그의 조직 알카에다인 것으로 확신하며 이 사건을 전쟁행위로 규정했다. 이후 부시 정부는 기존의 대테러 정책과 안보 외교 정책을 뒤엎은 대테러 전쟁을 선언했다. 이 사건으로 미국과 알 카에다의 실질적인 전쟁이 시작되었다.

제 2 장 조직 목표, 구조 및 재정

제 1 절 알 카에다의 조직 목표

알 카에다가 주창하는 조직의 목표는 정통 범이슬람 국가의 건설이다. 알 카에다는 모든 이슬람을 통합하여 칼리프(calif)가 이끄는 정부를 건설하기 위해 타락한 모든 이슬람 국가를 무력으로 타도할 것을 주장하고 있다. 타락한 이슬람 국가가 무너지고 정통 이슬람 국가가 들어서면 모든 이슬람 국가들의 경계가 사라지고 칼리프가 지배하는 통일 정부가 들어설 수 있다는 것이다.

1996년 6월 25일 사우디 다란 주에서 폭탄 테러가 발생한 직후인 8월 23일, 빈 라덴은 미국과 사우디에 대한 성전을 선포하는 교서를 발표했다. 이것은 미국의 격퇴가 알 카에다의 공식적인 또 다른 목표가 된 것을 의미했다. 1998년 2월 23일, 빈 라덴과 휘하의 지도자들이 함께 발표한 '십자군과 유대인에 저항하는 국제 이슬람 전선'이라는 파트와에서는 미국에 대한 증오심과 적대감이 좀더 노골적으로 드러났다. 특히 파트와에 사용된 구호가 "미국인, 미국 시민, 미군을 죽이자"라는 것은 알 카에다가 단순히 미국 정부나 미군에 대한 적대심만을 가지고 있는 것이 아니라 미국 자체에 대한 적대감을 품고 있다는 것을 알 수 있다. 또한 십자군이란 용어를 사용한 것과 유대인에 대한 적대감을 나타낸 것은 중동에 주둔한 모든 비이슬람 국가에서 미군의 완전 철수와 이스라엘의 격퇴 또한 알 카에다의 조직 목표가 되었음을 나타낸 것이었다.

알 카에다의 조직 목표는 초기 아프간에서의 소련군 격퇴에서 이슬람 테러 전술의 지원과 확산, 세속 정권을 전복하여 정통 이슬람 정권을 세우는 것, 이슬람에서 미국과 서방을 격퇴하고 그 영향력을 완전히 없애는 것, 그리고 이스라엘의 격퇴와 팔레스타인 독립 등으로 갈수록 확대되는 경향을 보이고 있다.

알 카에다는 전 세계의 이슬람 테러 단체와 긴밀한 협조 체계를 유지하고 있으며, 일반 요원들부터 고위급 간부들까지 대원의 상당수가 중동 지역뿐 아니라 동남아시아, 아프리카, 유럽과 미국 등 다양한 국적을 가지고 있다. 또한 그들의 행동 반경은 전 지구적으로 중동 등 일부 국가에 한정되지 않는다는 것은 그들의 목적이 단순히 사우디나 이집트 정부 등을 전복해서 이슬람 정권을 세우겠다는 것이 아닌, 이슬람 세력이 투쟁을 벌이고 있는 지역 전체에서 범이슬람 국가를 세우는 것이라는 주장의 근거가 되고 있다.

빈 라덴의 미국에 대한 맹목적인 증오는 알 카에다의 목표를 더욱 모호하게 만들고 있다. 빈 라덴은 미국에 대해 협상도 타협도 없이, 오로지 미국을 처단하겠다, 없애겠다는 주장만을 하고 있다. 심지어 미국 대통령 선거일 바로 4일 전인 2004년 10월 30일, 알자지라가 발표한 테이프에서 빈 라덴은 "미국을 재정 파탄시키는 것이 목적이다"라고 선언하기도 했다.

사실 현재 알 카에다의 행동은 정통 이슬람 왕국이라는 정치적 목적

[그림 2-1] 알 카에다의 조직구조

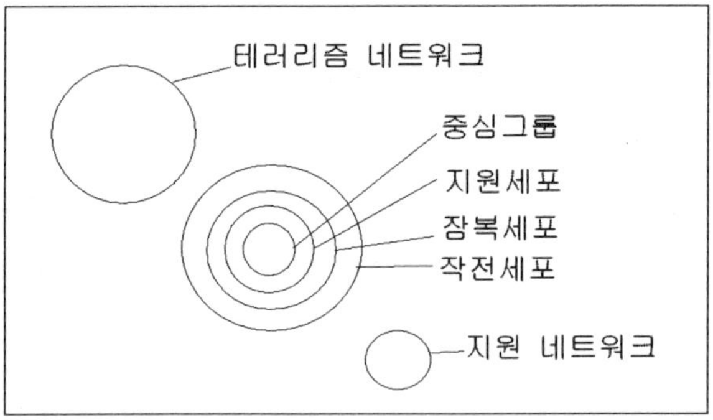

으로 이해하기는 힘들다. 극에 달한 테러행위를 봤을 때 그들은 이미 목적과 수단이 전도되어 버린 듯하다. 즉 정치적 목적을 위한 테러가 아니라 테러를 위한 테러인 것이다. 극도의 과격한 테러를 자행하고 이슬람 테러리즘을 확산시키는 그들의 행위는 정통 이슬람 왕국의 건설보다는 반미 성전이라는 측면에서 이해되어야 할 것이다.

제 2 절 알 카에다의 조직 구조

베일에 싸여 있던 알 카에다의 실체가 밝혀지기 시작한 것은 1996년 알 카에다를 탈퇴한 전(前) 조직원 자말 아흐메드 알 파들(Jamal Ahmad Al Padle)이 미국의 정보 당국에 알 카에다의 내부에 대한 증언에서 비롯되었다. 이 증언을 통해 알 카에다의 구조와 조직이 어떻게 작동되는지에 대해 전반적인 실체가 드러나기 시작했다.

알 카에다는 체계적인 계층 체계를 가지고 있으며, 전체적으로 중심그룹, 지원세포, 잠복세포, 작전세포, 지원 네트워크, 그리고 테러리즘 네트워크로 구성되어 있다(그림 2-1 참조).

상부조직은 친분주의, 연고주의와 상호간에 고도의 높은 신뢰로 뭉쳐지며 폐쇄적인 몇 개의 그룹으로 구성되는 반면, 하부 조직은 조직적으로 느슨하고 유동적이며 기능적으로 매우 임시적인 수많은 세포조직으로 구성되어 있다.

작전세포와 중심그룹 간의 상하 관계와 명령 체계는 분명하지 않다. 지원세포는 중심그룹의 직접적이고 절대적인 명령을 받지만 작전세포는 중심그룹으로부터 절대적인 명령보다는 세부적인 작전 사항과 함께 작전 수행을 위한 지원과 협력을 받는다. 또한 세포조직들은 조직적·기능적으로 극히 임시적인 경향이 있다. 지원세포는 언제든지 작전세포로 선택되어 작전에 투입될 가능성이 있다. 이러한 계층 간의 비체계적인 명령 계통과 조직원 간의 느슨한 네트워크는 알 카에다 세포조직의 특징이다. 이는 적으로 하여금 그 구조를 파헤치고 침투하기가 대단히 어렵게 만든다.

신뢰는 알 카에다의 전반적인 운영을 이해하는 데 굉장히 중요하다. 중심그룹부터 세포조직들까지 모든 네트워크의 구성원은 상호간에 매우 높은 신뢰를 가지고 있다. 특히 세포조직들은 느슨한 네트워크의 특성상 높은 상호 신뢰가 기반이 되지 않으면 운영 자체가 매우 어려워진다. 세포조직의 구성원들이 얼굴도 모르는 동료들이 계획대로 행동할 것을 신뢰함으로써 상대방을 의심하는 데서 비롯되는 어려움들을 방지할 수 있고 작전을 수월하게 진행시키는 것이 가능하다.

알 카에다는 다른 이슬람 테러조직과 매우 유기적인 상호 협력 체계를 이루며 거대한 테러리즘 네트워크에서 중심적인 역할을 하고 있다. 알 카에다와 수천 개의 크고 작은 테러조직들이 형성하는 테러리즘 네트워크는 알 카에다뿐 아니라 이슬람 테러리즘의 가장 큰 특징이기도 하다.

알 카에다와 다른 테러조직 간의 경계는 분명치 않을 때가 있다. 몇몇 알 카에다 조직원은 다른 테러조직의 조직원이거나 전(前) 조직원이었다. 게다가 작전상으로 그리고 운영상으로 다른 조직과의 협력 네트워크에 크게 의존하는 알 카에다의 운영 방식은 이러한 경계를 더욱 모호하게 만든다. 9·11 테러 이후 알 카에다가 분산되면서 이러한 경향은 더욱 심해졌다.

1. 중심그룹

중심그룹은 알 카에다의 핵심부이며 빈 라덴과 알 자와히리 등의 지도자들이 활동하는 최고 상부 그룹이다. 중심그룹은 알 카에다 조직원의 총지휘와 관리를 맡는 지휘부와 자문위원회(shura council)로 구성되는데, 이 자문위원회는 다시 중요한 네 가지 분야를 맡는 위원회(committee)로 세분된다.

먼저 군사위원회는 조직원들의 훈련과 무기 보급, 테러작전의 계획 및 구상을 맡는다. 비즈니스위원회는 알 카에다의 운영과 작전을 위해 3개의 사무실을 운영하는데, 여행사무소는 작전을 위해 위조 여권과 비행기표를 준비하며, 사업관리 사무실은 마약 밀매, 자금 세탁 등 알 카에다의 모든 수입원을 관리한다. 또 재정사무실은 알 카에다 조직원들의 봉급을 관리한다. 법률위원회는 테러작전을 종교적으로 평가한다. 즉 작전을 이슬람 율법으로 검토해서 위반 사항이 없는지를 따진 다음 이를 허가하는 역할을 맡고 있다. 그리고 마지막으로 미디어위원회는 빈 라덴의 연설이나 알 카에다를 선전하는 내용의 테이프, CD, 서적 등을 제작한다. 심지어 신문 잡지를 발간하기도 한다.

중심그룹의 특징은 수많은 이슬람 단체처럼 신뢰와 개인적인 친분을 기반으로 하여 조직을 내부 중심에서부터 외향적으로 확장시켜 나가는 것이다. 각 조직은 빈 라덴과의 개인적인 친분 관계와 높은 신뢰에 의지하여 조직되었으며 연계되어 있다. 또한 적국의 첩보망을 피하기 위해 필연적으로 사회 깊숙이 잠복해 있으며 서로 단단히 뭉쳐 있어 폐쇄적이다.

중심그룹은 명령 체계상 최상위에 있다. 이들이 내리는 명령에는 절대적인 명령과 협력적인 조언(절대적이지 않은 명령)이 있는데 지원세포에게 내리는 명령은 주로 절대적인 명령이고 작전세포에게 내리는 명령은 거의 협력적인 조언 수준이다. 중심그룹은 작전의 대부분을 계획하나 실행에 대해서는 상당히 유연한 면을 보인다. 중심그룹은 작전세포에게 대부분을 위임하고 몇 가지 지원을 제외하고 필요 이상 개입하지 않는다. 9·11 당시 대부분의 계획과 지원은 중심그룹과 지원세포가 담당했지만, 실행에 대해서는 그 역할이 매우 제한적이었다.

2. 지원세포

지원세포는 테러작전, 군사작전을 수행하는 데 반드시 필요한 모든 자원들을 지원한다. 이들은 직접적으로 작전을 수행하는 작전세포를 위해 자금을 관리, 유통하고 작전에 필요한 정보와 기술을 수집하여 조달하는 전문적인 역할을 수행한다. 또한 작전에 대한 업무 외에 알 카에다의 선전행위와 적국에 대한 심리전을 지원하기도 한다. 지원세포는 10명 안팎으로 소수이며, 보통 이슬람 국적 일원으로 구성된다. 이들은 임무를 위해 필연적으로 선진국의 대도시에 거주하는 경우가 대부분이다.

지원세포는 보안을 위해 사회적으로 잠복 상태를 유지하고 있으며, 매우 비밀스럽게 움직인다. 기능적으로는 상당히 전문적으로 분화되어 있다. 각 조직원은 전문 분야가 있고 특수한 지식을 가지고 있다. 세포조직의 특성상 조직의 구조는 극히 느슨한 경향을 보이는데, 조직원들은 상호간에 접촉하는 일이 거의 없으며, 안면이 전혀 없는 경우도 있다. 함부로 이동하지도 않는다. 이 네트워크는 느슨하지만 견고하여, 그 내부에 침투하기가 대단히 어렵다. 9·11 이후 FBI는 8백여 명 이상의 용의자들을 수사했지만 어떤 경로로든 비행기 납치와 관련된 인물들은 10명에 불과했다.

지원세포와 중심그룹의 명령 체계는 상당히 일방적인 경향이 있다. 중심그룹을 중심으로 지원세포들은 오로지 명령과 정보만을 전달받게 된다. 정보는 오로지 한쪽 방향으로만 전달되며 반대로 가는 경우는 없다. 기본적으로 지원세포가 중심그룹으로부터 받는 명령은 절대적이나 일부 세포는 절대적인 명령과 함께 작전세포처럼 작전의 세부 사항과 필요한 지원, 협력 등을 받기도 한다. 지원세포와 중심그룹의 사이에는 항상 계층 간의 커뮤니케이션을 담당하는 밀사가 있는데, 중심그룹으로부터의 연락 외에 비디오테이프나 CD로 된 빈 라덴의 메시지를 전달하기도 한다. 보통 밀사는 중심그룹과 가까우며 높은 신뢰를 받는 경우가 많다.

3. 잠복세포

잠복세포(sleepers)는 적국, 공격 대상 국가에 침투하여 사회 깊숙이 잠복한다. 이들은 공격명령이 떨어질 때까지, 의심받을 만한 행동은 전혀 하지 않고 평범하게 살아가면서 몇 년이고 오로지 기다린다. 그러다가 위로부터의 공격 명령이 떨어지면 잠복세포는 바로 테러리스트로 돌변한다. 9·11 테러리스트들 중 모하메드 아타(Mohammed Atta)가 이끌던 함부르크 세포조직원들은 독일 함부르크에 잠복하고 있었는데, 이들은 당국의 의심을 덜고 추적을 피하기 위해 일부러 수염을 밀고 가볍게 생활하는 등 덜 종교적이고 평범하게 보이기 위해 노력했던 것으로 밝혀졌다. 잠복세포는 서구의 개방적이고 상호간에 신뢰가 높은 사회의 특징을 이용한다. 이들은 적국인 서구 사회에서 적들과 동거하며 신뢰를 쌓아간다. 시민들은 바로 아랍인 이웃, 직장 동료, 친구를 의심해야 하느냐 말아야 하느냐를 두고 심각한 고뇌에 빠질 것이다.

4. 작전세포

작전세포는 평소에는 잠복 상태로 대기하다가 공격 명령이 떨어지면 중심그룹과 지원세포의 지원하에 계획된 테러작전을 최후의 순간에 실행하는 역할을 맡는다. 작전세포는 처음부터 구성되지 않는다. 다만 작전 중 가장 핵심적인 임무를 맡는 리더를 보조하기 위해, 리더 중심으로 배정되고 구성된다. 조직원들이 어떤 기준으로 세포조직에 분류되는 것인지는 분명치 않으나 보통 능력과 출신 지역에 따른 것으로 보인다.

작전세포에는 언제나 최소한 1명 이상의 리더가 있다. 리더는 작전에서 가장 중요한 임무를 수행하며 또한 각 세포조직원들을 조종하는 역할을 맡는다. 작전세포의 리더는 중심그룹이나 지원세포의 일원일 수도 있으나, 세포조직원들과는 안면이 없는 경우가 많고 필요할 때 외에 거의 접촉하지 않는다. 이는 알 카에다 간부와 주요 조직원들과도 마찬가지이다.

5. 지원 네트워크

알 카에다는 조직을 전반적으로 지원하고 관리할 여러 개의 지원 세포조직들을 가지고 있다. 그런데 어떤 세포조직은 알 카에다와의 관계가 노출되지 않도록 외부로 제2, 제3의 지원 네트워크를 가지고 있다. 이 네트워크는 주로 알 카에다를 위해 자금을 모으고 경제적 활동을 하며 기술적 지원활동에 관련된 일을 한다. 이들은 엄밀히 말하자면 지원 세포를 보조하기 위한 존재이다. 지원 네트워크와 알 카에다 상위 조직과는 어떤 연계도 없는 것으로 보인다. 이들이 접촉하는 알 카에다 조직원은 그들에게 작전과 자신들이 하는 일에 대한 자세한 사항을 말해 주지 않으며, 말한다고 하더라도 거짓 정보를 주는 경우가 많다.

6. 테러리즘 네트워크

알 카에다 조직상의 커다란 특징 중 하나는 국제 이슬람 테러리즘 네트워크와 긴밀한 관계를 유지하며 크게 의존하고 있다는 것이다. 물론 이슬람 테러리즘 네트워크 전체가 알 카에다라고 보는 것은 무리가 있다. 그러나 알 카에다와 이슬람 테러리즘 네트워크의 관계는 서로 깊은 상호 의존 관계이며, 갈수록 긴밀해지고 있다는 것은 사실이다.

이슬람 테러리즘 네트워크는 어느 정도 협력 체계는 잡혀 있으나, 군대처럼 조직 간에 확실한 상하 체계가 잡혀 있지는 않으며, 알 카에다는 분명 우두머리급의 상위 조직이라고는 할 수 없다. 그보나 이슬람 대러 조직들에게 알 카에다는 자본, 인맥, 전문가, 조언을 제시해 줄 수 있는 자문기구와 같다. 빈 라덴 역시 직접적인 명령을 내리는 테러조직들의 지도자라기보다는 테러리스트들에게 지원, 협력, 조언, 영감을 줄 수 있으며, 그들의 사기를 높여 줄 수 있는 동경이나 존경의 대상, 정신적인 지주라고 볼 수 있다. 이 네트워크는 수평적이며, 이슬람 국가의 건국이라는 동일한 목적을 위해 상호간에 높은 신뢰와 협력 관계로 맺어져 있다.

제3절 알 카에다의 재정

이슬람 테러리즘과 알 카에다에게서 빈 라덴이 이룩한 가장 큰 업적은 바로 거대한 이슬람 자금 네트워크의 구축이다. 이는 BCCI의 붕괴로 테러리즘 지원에 곤란을 겪던 이슬람 국가들과 재정난에 시달리는 테러리스트들에게 크나큰 은혜였다. 사실상 빈 라덴이 이슬람 사회에서 존경받으며 높은 위치에 오를 수 있던 것도 이러한 업적 때문이었다.

알 카에다 역시 빈 라덴이 합법과 불법적 사업을 넘나들며 구축한 자금줄에 크게 의존하는 편이다. 알 카에다의 자금줄은 전 세계에 퍼져 있는 빈 라덴이 소유하거나 제휴하고 있는 합법적 사업체들과 기부금, 주식뿐 아니라 마약, 매춘, 돈세탁과 같은 범죄행위 등이 있다. 이와 같은 방법으로 빈 라덴의 수중으로 들어온 돈은 그의 자산관리에 중요한 두 곳의 지역으로 보내진다. 첫 번째 지역은 유럽인데, 중동 특히 페르시아만 부근의 지역에서 오는 자금이 세탁, 투자되는 네덜란드의 암스테르담(Amsterdam)과 벨기에의 앙비르(Angbir), 그리고 룩셈부르크(Luxemburg)를 잇는 삼각지대이다. 두 번째 지역은 동남아시아로 인도네시아와 말레이시아에 본부를 둔 극동 지역이다.

빈 라덴의 자금 네트워크는 초기에는 이슬람 지역에 국한되어 있었으나, 시간이 갈수록 거대해지면서 유럽, 아시아, 아프리카 등 전 세계적 네트워크로 확장되었다. 그 돈은 상당수가 이슬람 테러리즘 네트워크를 지원하는 데 사용되며, 그 밖에 알 카에다 조직원들의 보수, 정착 비용, 작전 비용 등에 투입된다.

1. 합법적 사업

빈 라덴은 본래 아랍 부호의 아들로 이미 몇 개의 합법적인 사업체를 운영하고 있는 사업가였다. 빈 라덴이 1991년 아프리카 수단에 도착하여 정착한 이후 그의 합법적 사업은 수단 정부와의 상부 상조 관계를 통해 크게 발전했다. 빈 라덴의 건설회사 알 히라지는 수단의 군사적 하부구조(도로, 비행장, 교량 등의 군사시설) 건설 프로젝트와 수단과 하르툼(Khartoum)을 연결하는 알 타하디 고속도로의 건설을 맡았다. 그러나 수단 정부는 막대한 공사비를 지불할 능력이 없었다. 그래서 그 대가로 빈 라덴에게 수단에서 나는 참깨 씨앗을 지불했다. 이후 빈 라덴은 수단의 주요 수출 품목인 농산물을 거의 독점하게 되었다.

농산물에 대한 특혜 외에 빈 라덴은 도로공사를 해 준 대가로 하르툼 제혁공장의 소유권을 얻었다. 그가 수단을 떠날 무렵 그의 수단 내 기업제국은 제과공장, 가구 회사, 목축 농장, 라덴 인터내셔널 수출입 회사 등을 포함하고 있었다. 빈 라덴은 수단 외에도 아프리카, 케냐 등지에 여러 회사들을 관리하고 있다. 다만 수단에 있던 빈 라덴의 회사들은 1996년 빈 라덴이 수단에서 쫓겨난 이후 거의 자산이 동결되었다고 한다.

빈 라덴은 주식과 부동산에도 많은 돈을 투자하며 자금을 벌어들이고 있다. 그는 주로 중동의 이슬람 은행 '알 샤밀 이슬람'과 타지키스탄의 농업 분야에 투자했다. 룩셈부르크에 빈 라덴이 비밀리에 소유하고 있는 기업들은 그의 자금 네트워크를 유지하는 데 큰 역할을 하는데, 주로 아시아와 아프리카, 그리고 남미에 걸쳐 투자, 부동산, 해운 무역, 건설 등 각종 회사들과 제휴하고 있다. 물론 대외적으로는 평범한 기업가의 이름으로 되어 있는 이 기업들이 벌어들이는 엄청난 양의 자금은 당연히 빈 라덴에게 흘러갔다. 이 밖에 빈 라덴은 유럽과 미국에서는 지주 회사, 벤처 자본 회사, 은행, 수출입 회사 등에 투자했다.

그가 소유한 주식과 부동산이 투입된 곳은 런던, 파리, 프랑스, 덴마크, 노르웨이, 스웨덴 등 주로 유럽 지역이었으며, 낙농업, 제지업, 의료기기 제조업 등 투자 분야도 매우 다양했다. 빈 라덴과 그 측근들은 이집트, 요르단, 이라크 등의 의료시장에도 투자해 수억 달러의 매출을 올리고 있고, 이 가운데 일부 자금은 세포의 네트워크에 자금을 지원하는데 사용하고 있다.

2. 기부금

알 카에다의 주요 수입원 중 하나가 바로 이슬람 지역 곳곳에서 모여드는 기부금이다. 알 카에다의 핵심 그룹에는 전문적으로 기부금을 모집하는 특수 조직이 있으며, 자세히 밝혀진 바는 없으나 연간 대략 3,000만 달러 이상의 수익을 거두고 있는 것으로 알려져 있다.

이슬람에는 가난한 사람들을 구제하기 위한 명분으로 자카트(Zakat)라는 구빈세(救貧稅)를 은행을 포함한 모든 공적 계약과 거래에 의무적으로 포함시켜 징세한다. 금액은 거래액의 약 2% 정도지만 총 수입의 2%라면 상당히 큰 액수라는 것을 알 수 있다. 자카트는 회계 장부에 전혀 기록되지 않기 때문에 추적이 불가능하다. 게다가 거래가 이루어지는 즉시 모든 기록은 말소된다.

이 공제된 자카트는 대부분 이슬람 자선단체로 보내지게 된다. 빈 라덴을 포함한 이슬람 테러리스트들은 오래 전부터 자카트를 얻기 위해 자선단체를 자신들의 재정 활동에 교묘히 이용해 왔다. 직접 위장 자선단체를 운영하는가 하면 일반적인 자선단체를 찾아가 신도들이 낸 자카트를 기부하도록 유도하기도 한다.

알 카에다는 재정 감독이 허술한 회교 재단으로부터 거액의 기부금을 받아냈다. 이슬람 단체 하라메인과 같은 재단이 바로 그 허술한 재단들 중 하나였다. 이런 재단은 외부 감사가 허술하고, 내부 통제도 엉망이어서 돈을 빼돌리기가 쉬웠다. 대형 재단의 지원을 받는, 세계 각지에 흩어진 작은 재단들과 그 관계자들은 알 카에다의 자금줄 역할을 했다.

걸프 지역의 이슬람 국가들인 이란, 사우디아라비아, 쿠웨이트, 수단, 파키스탄과 같은 국가들은 공식적·비공식적 단체나 회사를 통해서 전 세계 이슬람 단체(자선단체와 사회단체)에 해마다 기부금을 전하고 있다. 특히 사우디 정부는 매년 백억 달러 정도의 금액을 이슬람 단체를 지원하는 데 사용하고 있다. 또한 전 세계의 부유한 이슬람인 역시 거액의 돈을 기부하는데, 상당수는 자신들의 돈이 테러리스트에게로 가는 것을 전혀 모르고 있다. 이 돈의 대부분이 사회적으로 교육, 자선 등과 같은 인도적인 목적으로 사용되고 있더라도 상당 액수가 테러리스트들의 활동 자금으로 쓰이고 있음은 분명하며, 알 카에다 역시 여기서 상당액의 자금을 얻는다.

3. 범죄 네트워크

1998년 동아프리카에서 발생한 미 대사관 폭탄 테러사건으로 미국은 대대적인 알 카에다 소탕작전을 시작했다. 수많은 알 카에다 조직원들이 체포되었고, 그 여파로 알 카에다의 자금 네트워크가 상당 부분 타격을 받았던 것으로 보인다. 빈 라덴은 이후 새로운 조직원들을 동원하여 자금 네트워크를 재구축했다. 이후 새로운 조직과 네트워크의 특징은 범죄 세력과 깊이 연계되어 있다는 점이다. 마약을 시작으로 한 알 카에다의 범죄 활동은 현재 매춘, 무기 밀매 등 범위를 확대해 가고 있다.

알 카에다가 마약을 자금 충족의 수단으로 활용하기 시작한 것은 사실 최근의 일이 아니다. 빈 라덴은 1980년대 중반 소련-아프간 전쟁 당시 알 카에다가 창설되었을 때 조직의 운영과 지원을 위해 마약조직과 접촉했었던 것으로 보인다. 아프간은 헤로인의 최대 생산지 중 한 곳이다. 당연히 헤로인의 이권을 둘러싼 수많은 마약조직들이 활동하고 있다. 알 카에다가 아프간에서 오랫동안 세력을 키우고 있었는데도 미 당국은 알 카에다와 마약조직의 관계를 오랫동안 알아채지 못했다.

알 카에다의 주요 마약시장은 유럽과 미국이다. 유럽과 미국으로의 마약 유통을 위해 알 카에다는 유럽 쪽으로는 발칸반도, 미국 쪽으로는 중남미를 이용하고 있다. 발칸반도는 수세기 동안 유럽을 통하는 마약 밀매 루트였으며 알 카에다 역시 마약 사업의 유럽 진출에 발칸반도를 발판으로 삼았다. 알 카에다는 발칸반도의 범죄조직 네트워크와도 협력 관계를 맺고 여러 가지 마약, 기름, 무기 밀매, 돈세탁 등 불법적인 사업을 벌였다.

마약의 미국 유통을 위한 중남미 루트는 아르헨티나, 브라질, 파라과이와 접해 있는 밀림지역이다. 이 지역은 중남미 지역에서 활동하는 이슬람 테러리스트 단체의 주요 활동지이며 당국의 권위가 미치지 못하는 곳이기도 하다. 또한 자연적으로 수많은 산과 빽빽한 밀림과 수로(水路)가 있어 당국으로서는 감시하기가 어려울 뿐만 아니라 국경 경비도 매우 허술하다. 따라서 밀매를 주요 사업으로 하는 조직들에게는 천국과 같은 곳이라고 불린다.

이 밖에도 중남미에서 알 카에다는 콜롬비아, 볼리비아 등의 마약조직과 FARC, ELN 등과 같은 테러조직과도 마약과 무기를 자주 거래하고 있는 것으로 보인다. 알 카에다와 홍콩의 삼합회 역시 협력 관계로 헤로인과 코카인, 불법 CD와 DVD 등을 유통시키고 있다. 알 카에다와 러시아 마피아는 특히 깊은 협력 관계에 있다. 1990년대 중반, 우크라이나에서 구입한 무기들을 카타르로 이동시키면서 시작된 이들의 관계는 이후에 좀더 포괄적인 관계로 발전했다. 러시아 마피아는 빈 라덴의 자금을 중앙아시아와 동유럽에 퍼져 있는 이슬람주의자들의 활동 지역에 유입시키는 일을 하고 있다. 아프간의 마약시장이 확대되면서 빈 라덴과 러시아 마피아와의 관계도 점점 더 중요해지고 있었다.

이슬람을 악의 세력인 서방으로부터 구해 내겠다는 영웅의 역할을 자처하는 빈 라덴과 알 카에다가 마약과 매춘과 같은 반(反)인권적 범죄행위로 큰 돈을 벌고 있다는 사실은 상당히 모순적이라고 볼 수 있다. 이는 자칫 이슬람의 지지를 잃게 만들 수도 있다. 빈 라덴과 지도층 역시 이를 우려하여 범죄 활동을 정당화하기 위한 파트와를 발표했는데, 그 중 다음 구절은 그 논리를 잘 드러내 준다. "우리는 악마 미국과 유대인들을 위해서 마약을 만든다. 우리가 총으로 그들을 죽일 수 없다면, 마약으로 그들을 죽일 것이다."

4. 돈세탁

빈 라덴이 운영하고 있는 자금은 개인 자금이나 알 카에다 소유의 자금뿐만이 아니다. 1991년에 그가 수단에서 이슬람 테러리즘을 위해 고도로 정밀하며 추적이 매우 어려운 자금 네트워크를 구축하면서 보여준 그의 전문성과 천재성은 이슬람 지하드주의자들에게 큰 감명을 주었다. 지하드주의자들이나 마피아들에게는 불법적인 행위로 벌어들인 돈이나 테러리스트들에게 지원될 돈이 추적당하지 않기 위해 사용되기 전에 반드시 세탁되어야 할 필요가 있다. 이 문제를 해결해기 위해 그들은 빈 라덴에게 의지한다. 빈 라덴은 돈세탁을 위해 전 세계에 퍼져 있는 기업체 네트워크를 사용하는데, 자금은 이 네트워크를 거치면서 세탁된다. 물론 이 기업체들의 상당수는 유령 회사이다. 알 카에다의 전(前) 회계사였던 자말 아흐메드 알 파들은 빈 라덴이 전 세계에 80개 정도의 유령 회사를 소유하고 있다고 진술했다.

빈 라덴의 자금 세탁에는 러시아 마피아가 협력하고 있다. 그들은 추적받기 쉬운 새로운 금융 체계에 대응하기 위해, 마약 유통으로 불어난 자금을 세탁하기 위해 새로운 자금 세탁 시스템을 마련하여 운용하고 있다. 현재 테러리즘을 포함한 이슬람 네트워크를 떠받치고 있는 자금은 전 세계에 약 16억 달러 이상인 것으로 알려져 있다. 또 부유한 이슬람 국가들과 개인들로부터 오는 기부금이 6억 달러 이상이다. 또한 마약, 무기 밀매, 매춘 등 범죄행위를 통해 얻은 수많은 돈을 세탁하고 싶어하는 범죄조직이 한둘이 아니다. 이 중 얼마나 빈 라덴의 손을 거쳐 세탁되는지 아직 밝혀진 바가 없다. 다만 빈 라덴이 자금들을 세탁해 주면서 받는 수수료 금액은 총 세탁 금액의 10~15% 정도로 알려지고 있다.

제3장 테러 네트워크

제1절 중 동

중동은 오래 전부터 이슬람 원리주의 운동의 중심지였으며 이와 함께 테러리즘 캠페인의 중심지가 되었다. 사실상 원리주의는 테러리스트 단체의 투쟁 이념으로 변질된 지 오래이다. 특히 1979년 이란 혁명과 1981년 사다트(Anwar Sadat) 대통령 암살로 과격 원리주의 운동은 더욱 거세어졌다. 1990년대 초 중동에는 미군의 사우디 아라비아 주둔으로 미국에 대한 격렬한 증오의 감정이 들끓고 있었다. 이란, 수단 등의 이슬람 원리주의 국가와 국제적인 이슬람 운동 지도부, 이슬람 테러리스트 단체들은 미국과 연합국에 대항하기 위해 힘의 결집이 필요함을 느끼기 시작했고, 빈 라덴과 알 카에다 역시 이에 적극 참여했다.

빈 라덴과 그의 조직 알 카에다는 이 시기부터 중동에서 이슬람 원리주의 테러리스트들을 지원하고 이슬람 네트워크를 확대, 발전시키는 과정에서 커다란 역할을 했다. 중동 이슬람 테러리스트 단체에게 알 카에

〈표 3-1〉 알 카에다 중동 지역 테러 네트워크

국 가	조 직
이집트	알 지하드 탈아 알 파테(Talaa' al-Fate) 가마 알 이슬라미아(Al-Gama's al-Islamiyya: IG)
사우디아라비아	아프간 귀환병과 이슬람 신학생을 중심으로 한 수십 개의 소규모 조직
파키스탄	하라카트 울 안사르(Harakat ul-Ansar: HUA) 하라카트 알 지하드(Harakat ul-Jihad-I-Islam) 알 하디스(Al-Hadis) 라쉬카르 에 타이바(Lashkar-e-Tayyiba: LT) 히줍 알 무자헤딘(Hizub Al-mujahedin: HAM) 자미아트 울 울레마 에 이슬람(Jamiat Ulema-e-Islam) 자미아트 울 울레마 에 파키스탄(Jamiat Ulema-e-Pakistan) 알 바다르(Al-Badar), 자이쉬 에 모하메드(Jaish-e-Mohammed)
이 란	국가 차원에서 이슬람 테러리즘 네트워크를 발전시키는 데 중심적 역할을 함. 빈 라덴과 매우 큰 협력 관계에 있었음.
이라크(후세인 정권 붕괴 후)	아부 하프스 알 마스리 여단(Abu Hafs Al-Masri brigade) 알 카에다의 무장 이슬람 그룹(Armed Islamic Group of Al-Qaida) 무자헤딘(Mujahedin) 안사르 알 이슬람(Ansar Al-Islam) 안사르 알 순나(Ansar Al-Sunna)
아프간	붕괴된 탈레반 정권은 빈 라덴의 최대 후원자이며, 잔존 조직과 강력한 연대를 유지하고 있음.
팔레스타인	하마스(HAMAS) 팔레스틴 이슬람 지하드(Palestine Islamic Jihad)
레바논	헤즈볼라(Hezballah) 아스바트 울 안사르(Asbat Al-Ansar: LP)
요르단	바이트 알 이맘(Bait Al Imam)
리비아	확실하게 밝혀진 바는 없지만 반(反) 카다피 이슬람 원리주의 단체가 알 카에다와 연계된 것으로 보이며, 1998년 '십자군과 유대인에 저항하는 국제 이슬람 전선(the World Islamic Front for Jihad Against Jews and Crusaders)에 동참한 것으로 알려짐.

다는 매우 중요한 협력자이자 조언자이며, 동경과 경외의 대상으로 자리잡기 시작한 것이다. 특히 이집트 지하드에서 분리된 조직인 탈아 알 파테(Talaa' al-Fate)가 1999년 알 카에다와 공식적으로 통합했으며, 이 조직의 지도자인 아이만 알 자와히리는 빈 라덴과 가장 가까운 사이이며, 알 카에다의 실질적인 2인자로 알 카에다를 이끌고 있다.

알 카에다는 이처럼 여러 조직들을 지원하고 협력 관계를 맺고 있지만, 특히 주목할 만한 것은 이란, 수단 등의 원리주의 국가와의 관계이다. 이들 국가들은 국가 전략적 차원에서 원리주의 테러리스트 단체를 지원해 오고 있었으나, 9·11 이후 미국의 강한 압력으로 대부분의 원리주의 국가들이 반(反) 알 카에다로 돌아섰다.

대표적으로 이란은 1979년 혁명 성공 이후 계속 원리주의 운동을 지원하고 있으며, 때문에 가장 위험한 테러 지원국으로 지명되기도 했다. 또한 빈 라덴과도 협력 관계였는데, 빈 라덴은 수단에 체류하던 시절 이란을 위해 수단에 군사전략 시스템을 구축했고, 이란이 지향했던 이슬람 테러리스트의 협력과 통합에 같은 뜻을 두어 이란의 주도하에 열린 테러리스트 정상회의에 참여했다. 특히 1990년대 중반 이슬람 테러리즘 네트워크와 알 카에다의 모든 작전과 행동이 이란의 감독하에 이루어진 것으로 미루어 이란이 이슬람 테러리즘 네트워크에 얼마나 중요한 국가였는지 알 수 있다. 9·11 이후 이란은 미국과 동맹 세력의 압력에 알 카에다와의 연계를 부정하며 알 카에다 조직원들을 체포·추방했으나, 자국 내 알 카에다 조직원들의 활동을 묵인하고 있다는 비난이 계속되고 있다.

이는 수단과 파키스탄도 마찬가지이다. 파키스탄 정보국 ISI는 아프간 전쟁 때부터 빈 라덴을 포함한 여러 이슬람 테러리스트 단체와 연계되어 있었으며, 이들의 배후에서 활동했다. 수단 역시 1991년 사우디에서 피신한 빈 라덴을 보호했으며, 그가 수단에 공헌한 여러 경제적 도움으로 수단은 빈 라덴에게 큰 은혜를 입었다. 이들 국가들은 최소한 표면적으로는 반(反) 알 카에다를 주장하며 미국에 협조하고는 있으나, 내부적으로는 여전히 알 카에다에 협력하거나 국내 활동을 묵과하고 있다는 의혹이 끊임없이 제기되고 있다.

제2절 동남아시아

동남아시아는 이슬람 테러리스트들이 활동하기에 최적의 조건을 갖추고 있는 지역이다. 일단 세계 최대의 이슬람 국가인 인도네시아를 비롯해 동남아시아 지역에는 총 2억 명에 달하는 무슬림이 거주하고 있으며, 숲이 우거지고 수천 개의 섬이 널려 있는 자연환경은 테러리스트들의 은신처와 훈련소로서 전혀 손색이 없다. 이미 여러 이슬람 테러리스트 단체가 동남아시아 각지에서 활동하고 있으며, 이들 중 상당수가 알 카에다와 연계되어 있는 것으로 밝혀지고 있다.

2001년 12월 싱가포르에서 15명의 알 카에다 조직원들이 체포된 사건을 시작으로 동남아시아 테러조직과 알 카에다의 관계가 하나둘씩 밝혀지기 시작했는데, 전문가들은 동남아시아가 중동에 못지않은 알 카에다의 주요 활동 지역이며, 앞으로 동남아에서 테러리스트들의 활동이 더욱 커질 것이라 지적한 바도 있다. 이는 2002년 10월 발리 나이트클럽 폭탄테러가 발생함으로써 현실로 나타났다.

사실 알 카에다와 이슬람 테러리즘 네트워크는 이미 오래 전부터 동남아시아를 이슬람 성전의 제2의 전선으로 염두에 두고 있었다. 대표적인 예로 다수의 기독교에 북부의 소수 이슬람이 분쟁을 벌이고 있는 필리핀을 들 수 있는데, 1990년대 이후 이슬람 전선은 필리핀에서 북부의

〈표 3-2〉 알 카에다 동남아 지역 테러 네트워크

국 가	조 직
필리핀	아부 사야프 그룹(Abu Sayyaf Group: ASG) 모로 이슬람해방전선(Moro Islam Liberation Front: MILF)
인도네시아	제마 이슬라미아(Jemaah Islamiyah: JI) 라쉬카르 지하드(Lashkar Jihad) 인도네시아 무자헤딘위원회(Mujahideen Council of Indonesia)
말레이시아	말레이시아 무자헤딘그룹(Kumpulan Militan Malaysia: KMM)
태국	신 파타니 통일해방전선(New Phatany United Liberation Front)

소수 이슬람들이 기독교에 대항하여 싸울 수 있도록 지원해 왔다. 빈 라덴은 1994년부터 필리핀 내의 테러리즘에 직접적으로 관여하며 감독하기 시작했다. 당시 알 카에다의 프로 테러리스트들이 필리핀에 들어와 필리핀 북부에서 활동하는 테러리스트 단체인 아부 사야프 그룹(ASG)과 협력하여 미국과 서방에 대한 가장 극단적인 테러 작전을 계획하고 있었다.

보진카 작전(Operation Bojinka)으로 명명된 이 계획은 크게 두 개의 작전으로 나뉘는데, 바로 미국 국적의 항공기 11대의 폭파작전과 로마 교황 요한 바오로 2세의 암살 작전이었다. 보진카 작전은 테러리스트들이 은거하던 아파트에 사고로 화재가 발생하면서 경찰에 포착되어 모두 수포로 돌아갔으며, 알 카에다의 필리핀 세포들도 붕괴되었지만, 보진카 작전은 알 카에다가 필리핀을 적에 대한 가장 강력한 공격의 거점으로 삼았다는 점과 이 작전이 9·11작전의 모태가 되었다는 점에서 매우 중요하다고 할 수 있다.

실제 그 이후로도 동남아시아 테러조직과 알 카에다의 관계는 계속되었다. 2000년 말레이시아, 콸라룸푸르에서 알 카에다가 회의를 개최했으며, 여기에 인도네시아 테러조직 제마 이슬라미아(Jemaah Islamiyah)의 지도자 함발리(Hambali)가 참석했다는 사실이 밝혀졌다. 이는 동남아시아가 알 카에다에게 얼마나 중요한 지역인지 의미하는 바가 크다.

제3절 중앙아시아

중앙아시아에서는 5천만 명이 넘는 이슬람 교도들이 살고 있는데, 구소련 붕괴 후 독립과 함께 이슬람 운동단체가 급속도로 늘어나면서 이슬람 과격 원리주의 운동까지 확산되었다. 이후 중앙아시아에서 매우 과격한 테러리즘을 자행하는 조직이 늘어났는데, 대표적으로 체첸 반군과 우즈베키스탄의 IMU(Islamic Movement of Uzbekistan), 키르기스스탄의 이슬람 독립당(Hizb ut-Tahrir al-Islami)이 있다. 이 조직들 모두 알 카에다와 연계된 것으로 보인다.

특히 체첸 같은 경우 러시아와의 독립전쟁에서 이슬람 테러리즘 네트워크의 도움을 크게 받았다. 이슬람 테러리즘 네트워크와 알 카에다는 체첸전쟁에 러시아에 대한 성전을 위해 수많은 이슬람 무자헤딘들을 보냈다. 체첸 정부는 1998년 말 아프간에서 탈레반 정권과 빈 라덴에게 감사를 표했으며, 빈 라덴이 아프간에서 추방될 경우 체첸에서 보호해 줄 용의가 있음을 밝혔다. 빈 라덴은 체첸전쟁을 알 카에다 조직원들의 훈련과 실전을 경험시키기 위해 이용했으며, 체첸 마피아를 통해 소형 핵무기를 구입하려 했다.

〈표 3-3〉 알 카에다 중앙아시아 지역 테러 네트워크

국 가	조 직
타지키스탄	이슬람 부흥운동
카자흐스탄	민주통일 혁명전선(The United Nationalist Revolutionary Front: UNRF)
체첸	체첸 반군, 한때 체첸 정부도 연계되었던 적이 있었음.
우즈베키스탄	우즈베키스탄 이슬람 운동파(Islamic Movement of Uzbekistan: IMU)
키르기스스탄	이슬람 독립당(Hizb ut-Tahrir al-Islami)

제 4 절 아프리카

아프리카 대부분의 국가들은 국정 운영에 실패했으며, 때문에 경제 불안에서 기인하는 사회·정치적 혼란 등으로 테러리스트가 양산되는 환경을 가지고 있다. 이는 바로 알 카에다가 활동하기 매우 적합한 환경이다. 이슬람 테러리즘 네트워크는 특히 수단을 중심으로 1990년대 초부터 홍해와 아프리카 북동부 지역에서의 이슬람 세력을 더욱 견고히 하기 위해 엄청난 노력을 기울였다.

빈 라덴 역시 미국과 서방을 대상으로 성전을 시작하기로 마음먹은 이후부터 아프리카 북동부에서 케냐 북동부에 이르는 지역까지 이슬람 전사들을 지원하고 훈련시켰다. 그 성과는 소말리아에서 나타났다. 1993년 소말리아에서 발생한 미 특수부대와 민병대 간의 교전 사건이 계기가 되어 이슬람 테러리즘 네트워크는 동아프리카 지역의 이슬람 혁명에 큰 관심을 가지게 되었다. 비록 소말리아에 이슬람 정부가 세워지진 않

〈표 3-4〉 알 카에다 아프리카 지역 테러 네트워크

국 가	조 직
수단	수단 정권 인민이슬람전선(National Islamic Front)은 이슬람 테러리즘 네트워크의 지원에 큰 역할을 했다. 또한 사우디에서 피신한 빈 라덴을 보호했으며, 빈 라덴이 수단에서 수행한 경제 활동으로 그에게 큰 빚을 졌다.
에티오피아	알 이티하드 알 이슬라미(Al-ethihad Al-Islami)
알제리	무장 이슬람그룹(Armed Islamic Group: GIA) 부름과 전투를 위한 살라피 그룹(The Salafist Group for Call and Combat: GSPC)
소말리아	소말리아 군벌 알 이티하드 알 이슬라미(Al-ethihad Al-Islami)
우간다	민주동맹군(Allied Democratic Forces: ADF)
시에라리온	다이아몬드 생산과 판매 이익 추구와 관련 범죄조직과 연계
나이지리아	마약 밀매로 범죄조직과 연계
라이베리아	전(前) 대통령이었던 찰스 테일러가 알 카에다 조직원들을 보호해 주고 다이아몬드 지역에 출입을 허가한 대가로 돈을 받았다는 의혹이 제기되었음.

았지만, 이후 이슬람 테러리즘 네트워크는 동아프리카의 중요성을 인지하고 활발한 활동을 시작했다.

알 카에다는 1990년대 중반 동아프리카를(특히 친서방이었던 케냐 같은 국가) 미국과 중동 지역의 적대적인 국가(사우디, 이집트)의 압력을 피하기 위한 은신처나 서방으로 잠입하기 위한 입구로 활용했으며, 또한 전 세계의 테러리스트를 지원하기 위한 지원세포와 작전세포의 주요 거점으로 성장시켰다. 특히 1995년 무바라크 암살 미수 사건 이후 동아프리카의 작전 능력을 증강하기 위해 소말리아를 본부로 하여 아프간 귀환병 출신의 프로 테러리스트들을 투입시켰다는 것은 알 카에다가 동아프리카를 얼마나 중요한 전선으로 여기는지 말해 준다.

동아프리카는 알 카에다에게 경제적으로도 중요한 지점이다. 이 지역에 알 카에다가 관심을 가졌던 중요한 불법적 경제 행위는 마약 밀매와 돈세탁이었다. 이들은 탄자니아와 케냐의 항구 지역을 통해 마약을 동아프리카와 서아프리카뿐 아니라 서방의 여러 지역으로 밀매했다. 동아프리카 지역에서의 돈세탁은 주로 서방에 소재한 이슬람 단체들을 지원하기 위함이었는데, 특히 케냐를 이용했다. 케냐는 친서방 국가였기 때문에 여러 제재 없이 수월하게 돈을 세탁하여 서방으로 유통시킬 수 있었다.

동아프리카 지역 확보를 위한 알 카에다와 이슬람 테러리즘 네트워크의 노력은 결국 거대한 테러 공격으로 이어졌는데, 바로 1998년 케냐와 탄자니아에서 발생한 미 대사관 폭탄테러 사건이다. 이 사건은 알 카에다가 미국에 자행한 직접적이고 강력한 첫 번째 테러리즘으로서 중요하지만 미국과 사우디, 이집트, 케냐 경찰이 연합한 알 카에다 소탕작전을 우려하여 동아프리카 지역의 이슬람 혁명을 촉발시키고 영향력을 유지하려 했다는 점에서도 역시 중요하다고 할 수 있다.

제5절 유 럽

유럽에서의 알 카에다 커넥션은 주로 보스니아, 마케도니아, 알바니아 등의 이슬람 세력이 상주하는 동유럽에서 찾을 수 있다. 1992년 보스니아 분쟁 이후 이 지역은 이슬람 세력의 지원을 받기 시작했으며, 1993년 초에 아프간 귀환병이 주축이 된 무자헤딘들이 유입된 것으로 보아 빈 라덴이 개입하기 시작한 것도 이 시기인 것으로 추정된다. 당시 빈 라덴과 자와히리는 아프간에서의 경험을 발휘하면서 발칸 전 지역에 분포되어 있는 이슬람 테러리스트 단체들을 하나의 네트워크로 발전시키는 일을 시작했다. 이를 위해 뛰어난 알 카에다 전투세포들을 투입하며 발칸 지역에 은밀한 자금 라인을 건설했다.

알 카에다는 서유럽에서도 광대한 네트워크를 가지고 있는 것으로 알려지고 있는데, 대표적으로 영국에서 활동하는 이슬람 원리주의 단체 알 무하지룬(Al-Muhajirun)이 있다. 이 단체는 주로 이슬람인들을 훈련시켜 성전중인 지역으로 보내는 일을 수행하는데, 노골적으로 빈 라덴과 알 카에다를 지지하며, 미국과 영국 등 유럽 국가들을 위협하고 있다. 7·7 런던 테러 사건의 배후에 알 카에다가 있었다는 것은 이들 영국 내에도 이슬람 원리주의 단체를 통한 테러 네트워크가 광범위하게 구축되어 있었음을 의미한다고 할 것이다.

또 프랑스의 그룹 루베(Roubaix gang)는 이슬람 테러리스트들의 활동을 돕기 위해 주로 범죄와 연관된 일을 하는 테러, 범죄조직이다. 물론 알 카에다와도 연계되어 있으며 특히 GIA와 매우 밀접한 관계에 있다. 유럽에서 알 카에다와 연계된 테러리스트 단체는 다음과 같다.

〈표 3-5〉 알 카에다 유럽 지역 테러 네트워크

국 가	조 직
유고슬라비아	코소보 해방군(Kosovo Liberation Army: KLA)
보스니아	1992년 내전 당시 활동했던 무자헤딘 조직 마약 밀매조직과 연계 추정
크로아티아	수도 자그레브의 이슬람 테러조직 마약 밀매조직과 연계
알바니아	다수의 이슬람 테러리스트 조직과 연계 추정
영국	알 무하지룬(Al-Muhajirun) AIF(Armed Islamic Force)
프랑스	그룹 루베(Roubaix gang)

제6절 중남미

알 카에다에게 중남미 지역은 성전을 치르는 데 전략적으로 중요한 지역이라기보다는 경제적 활동, 특히 마약과 무기 거래에 중요한 지역이다. 이 때문에 주로 아르헨티나, 브라질, 파라과이와 접해 있는 밀림 지역에서 활동하는 이슬람 단체와 연계되어 있는 것으로 추정되고 있다. 이 지역은 자연환경이나 정치적 상황 등으로 미루어 봤을 때 미국으로 마약을 밀반입할 수 있는 최적의 조건을 갖추고 있어 마약 밀매를 통한 조직 운영 자금을 조달하는 알 카에다가 깊은 관심을 가질 만한 가치가 있는 지역이다.

제7절 미 국

미국에 이슬람 과격파가 활동하기 시작한 것은 소련-아프간 전쟁 이후부터였다. 당시 소련에 대항한 성전에 참여하기 위해 전 세계에서 무자헤딘들이 모여들었다. 당연히 미국에서도 수많은 이슬람인들이 참여했고, 이러한 흐름 속에 해외 이슬람 테러리즘 네트워크가 모집 활동을 위해 미국에 개입하면서 미국 내 이슬람 테러리즘이 확산되기 시작한 것이다.

미국 내에 실질적으로 과격 이슬람 테러리즘을 확산시키기 위해 창설된 단체는 1980년대 뉴욕 브루클린에 세워진 알 키파(Al-Kifha) 난민사무소였는데, 이 단체를 창설한 무스타파 카라비는 빈 라덴의 정신적 스승인 압둘라 아잠의 명령으로 미국에 파견되어 미국 내에서 무자헤딘의 모집과 조직화하는 임무를 수행했다. 빈 라덴 역시 이에 개입되어 있을 가능성이 크다.

이후 이들의 영향을 받아 수많은 이슬람 단체들이 창설되었다. 물론 이때 아프간 귀환병들이 중심적인 역할을 한 것은 말할 것도 없다. 1990년대 소련-아프간 전쟁이 끝났을 때에는 이미 뉴욕을 중심으로 이슬람 이민자들이 상주하는 여러 지역에 과격 이슬람 테러리즘이 확산되고 있었다. 미국 내 이슬람 테러조직의 심각성을 보여 준 사례가 1993년 세계무역센터 폭탄테러 사건이다. 이 사건은 확실히 조직되지 않은 이슬람 과격파 몇 명에 의해 자행되었는데, 주범이었던 람지 유세프(Ramzi Ussef)의 배후에는 이슬람 테러리즘 네트워크가 있었던 것으로 밝혀졌다. 또한 그는 빈 라덴과도 깊이 연계되어 있는데, 그는 테러 후 여기저기 떠돌다가 필리핀에 은신하여 보진카(Bojinka) 작전에 깊이 개입했다. 그리고 페샤와르에 위치한 알 카에다의 순례자 접대소에 머물렀다가 체포되었다. 람지 유세프는 체포되었지만 아직까지 수많은 테러조직들이 미국에서 활동하고 있으며, 빈 라덴이 이에 관계가 있을 가능성은 대단히 높다.

제 4 장

테러 자행 능력과 테러 자행 과정

제1절 테러 자행 능력

알 카에다는 그 어떤 테러리스트 조직보다도 대원들을 전문화하고 프로 테러리스트로 양성하는 데 굉장한 노력을 기울여 왔다. 알 카에다 대원 개개인의 전투 능력이 어느 정도인지는 알려진 바 없으나, 적어도 주요 조직원들은 상당히 전문화된 전투, 작전 능력을 가지고 있는 것으로 보인다. 먼저 알 카에다 대원들의 상당수는 전쟁터에서 활동한 전력이 있는 실전 경험자이다. 알 카에다라는 조직 자체가 소련-아프간 전쟁 당시 소련에 대항한 성전에 참여하기 위해 몰려온 무자헤딘들의 네트워크 속에서 창설된 단체로 알 카에다 간부급 조직원들은 모두 아프간 귀환병 출신이다. 알 카에다는 이런 실전 경험을 상당히 중요시하는데, 알 카에다 내 비교적 젊은 테러리스트 중에서는 보스니아 내전과 가까이는 체첸전쟁에 참여하여 실전을 경험한 테러리스트들이 상당히 많다.

조직의 지도자 빈 라덴 역시 아프간에서 소련에 맞서 싸운 전투의 베테랑이다. 1994년에 알 카에다의 아프리카 진출에 중책을 맡았던 간부급인 아부 우바이다 알 반시리(Abu Ubaida al-Bansiri)는 소말리아에서 있었던 미군과의 전투에서 민병대를 지휘한 사람이다. 9·11 테러를 자행한 19명의 테러리스트들 중 2명은 여러 전쟁터에서 싸운 베테랑들이며 나머지도 상당수가 실전을 경험했던 것으로 알려지고 있다.

그렇다고 알 카에다가 조직원들의 전투 능력만 중요하게 여기는 것은 아니다. 테러리스트들은 싸울 줄만 아는 바보들이 아니다. 오히려 간부부터 일반 대원들까지 모두 대학 교육 이상의 전문적인 교육을 받은 고학력자들이 대부분이다. 알 카에다의 2인자 아이만 알 자와히리는 빈 라덴보다 경험이 많은 프로 테러리스트이면서 전문 의사이기도 하다. 알 카에다의 간부급 조직원인 칼리드 셰이크 모하메드(Khalid Sheikh Mohammed) 역시 단 2년 반 만에 노스캐롤라이나 농업기술대학에서 공학학위를 받았다. 9·11 테러리스트의 리더였던 모하메드 아타의 아버지는 뛰어난 변호사에 가족들 대부분이 박사학위 소지자이며, 그 역시 함부르크 공과대학을 뛰어난 성적으로 졸업했다.

알 카에다는 작전의 전문화를 위해 조직 내 특정 분야에 뛰어난 전문가를 다수 보유하고 있다. 1980년대 후반 알 카에다 주요 조직원이었던 모하메드 무스타파(Mohammed Mustafa)는 한때 CIA와 미군 특수부대인 그린베레에서 근무했던 전투의 전문가였다. 그는 그 경험을 살려 테러리스트들에게 게릴라 전술을 훈련시켰다. 모하메드 사디크 오데(Mohammed Sadiq Odeh), 압둘 라만(Abdul Rahman)은 폭약 전문가였으며 이들 외에 셀 수 없을 정도로 많은 폭약 전문가들이 활동하고 있다. 또한 체포된 알 카에다 조직원 모하메드 나임 누르 칸(Muhammad Naeem Noor Khan)은 컴퓨터 전문가로 해킹, 컴퓨터 보안 등에 능통하여 9·11 테러리스트들을 위해 활약했으며, 극악한 테러리스트로 악명높은 아부 무사브 알 자르카위(Abu Musab al-Zarqawi)는 테러리스트 훈련소에서 폭발물과 독약을 중심으로 한 훈련을 지휘했다.

알 카에다 내에는 미국이 특히 우려하고 있는 대량 살상무기 전문가 역시 다수 활동하고 있다. 특히 미국은 미다트 무르시(Midhat Mursi)라는 대량 살상무기 전문가를 주목하고 있는데, 깊이 있는 화학 전문가는 아닌 것으로 추정되지만, 그는 아프간의 카불 근처에 위치한 핵, 화학, 생물학, 독가스 무기 연구시설인 카바브 캠프의 운영자이자 알 카에다 대량 살상무기 위원회의 의장이었던 것으로 보아 대량 살상무기 연구에 매우 중요한 인물임에는 틀림없다. 특히 '더러운 폭탄(dirty bomb)'이라 불리는 방사능 무기가 그의 작품일 가능성이 크다.

현재는 미국의 대테러 전쟁으로 대부분 폐쇄되었지만 알 카에다가 아프간에 주둔하고 있을 당시 테러리스트를 양성하기 위한 수개의 훈련소와 그들을 지휘할, 테러리스트 리더를 양성하기 위한 엘리트 훈련소를 다수 운영했다. 주로 아프간, 하르툼 남서쪽에 위치한 이 훈련소는 정교한 폭탄 제조 기술, 통신 암호 고안, 기밀 보안 유지, 문서 위조, 세포조직의 유영 등 전문적 기술들을 가르쳤다.

이러한 알 카에다의 전문성은 작전에 그대로 나타났다. 1998년 케냐와 탄자니아에서 발생한 미 대사관 폭탄테러를 조사하던 수사관 측 폭탄 전문가들은 하나같이 이 폭탄 테러가 전문가의 소행임을 강조했다. 특히 폭파될 때 폭탄이 위로 치솟았다가 다시 대사관 쪽으로 튕겨져 돌아왔다는 점과 2차 폭발 때 특히 피해가 컸음을 주목했다. 이는 9·11 테러도 마찬가지였다. 당시 테러리스트들은 어떻게 하면 좀더 큰 피해를 줄 수 있는지 전문적으로 연구했다. 이들은 세계무역센터 빌딩의 건축 구조에 대해 깊이 있게 조사했으며, 작전을 위해 몇 개월에 걸쳐 파일럿 훈련을 받아 자격증까지 획득했다. 9·11 테러가 발생했을 때 테러리스트들은 비행기를 왼쪽으로 기울인 상태로 정확히 건물의 4분에 3 지점에 충돌시켰다. 건축 전문가들은 테러리스트들이 건물에 가장 큰 타격을 줄 수 있는 방법을 알고 있었다고 지적했다.

알 카에다가 대량 살상무기를 이용한 테러리즘에 관심을 가지기 시작한 것은 1997년경부터이다. 1995~96년 사우디에서 발생한 두 건의 폭탄테러로 빈 라덴은 미국 측에 자신들의 의지를 확실히 전달했다고 생각했으나, 미국의 태도는 나아질 기미가 보이질 않았으며, 오히려 자신들을 무시하는 것처럼 보였다. 빈 라덴은 결국 미국이 무시하지 못할 가장 가공할 공격, 즉 대량 살상무기를 이용한 테러의 필요성을 자각하게 되었다. 1997년 가을부터 빈 라덴은 본격적인 대량 살상무기 프로젝트를 가동하기 시작한 것으로 알려지고 있다. 이를 위해 그는 수단의 하르툼 남서쪽에 위치한 빈 라덴 소유 시설 중 하나인 이슬람센터 부근에 화학무기 개발연구소를 건설했다.

1998년 초여름부터 알 카에다와 동료 테러리스트들은 빈 라덴과 파키스탄 정보부 ISI의 지원하에 칸다하르 근처의 비밀 요새에서 생화학 무기와 방사능 무기를 사용한 테러리즘 준비에 매진하는 한편 전 세계에서 대량 살상무기(핵, 생물학, 화학)에 필요한 재료들을 모으기 시작했다. 이 같은 수집 활동은 주로 구소련 지역에서 행해졌는데, 러시아에서는 에볼라나 살모넬라균을 구입했으며, 체첸에서는 보툴리누스균을 입수했다. 또한 우크라이나에서는 방사능 물질과 살충제를 구입했고, 북한에서는 탄저병 샘플을 싼값에 들여온 것으로 추정되고 있다.

빈 라덴은 또한 핵무기를 얻기 위해 굉장한 노력을 기울였다. 특히 그는 휴대용 핵폭탄에 관심이 많았는데, 이를 위해 300만 달러 이상을 지출한 것으로 보인다. 그는 체첸 마피아와 자주 접촉하면서 어떻게든 거래를 성사시키려 애를 썼다. 알 카에다는 이렇게 입수한 대량 살상무기를 개발 생산할 화학, 생물학무기 전문가들을 소집했다. 주로 우크라이나인들로 이루어진 이들은 동유럽에서 전문적으로 약학·의학·생물학을 공부한 전문가들이었다. 알 카에다는 또한 최대한 간단하고 쉽게 만들 수 있는 대량 살상무기를 만드는 데에도 상당한 노력을 기울였는데, 대표적인 경우가 '더러운 폭탄'이다. 더러운 폭탄은 일반 핵폭탄처럼 치명적인 무기는 될 수 없을지 몰라도 심리적인 충격을 준다는 면에서 테러리스트들에게 적합한 무기임에는 틀림없었다.

알 카에다의 대량 살상무기 보유 시도는 서방 정보국에 포착되기도 했다. 일례로 1998년 9월 아제르바이잔에서 체포된 테러리스트가 이집트 당국에 알 카에다가 생화학 무기를 보유하고 있으며 미국과 이스라엘을 노리고 있다고 진술했으며, 1999년 익명의 테러리스트가 대량 살상무기에 대한 정보를 서방 측에 전달하기도 했다. 이와 같은 사실들로 보아 빈 라덴과 알 카에다가 대량 살상무기에 깊은 관심을 가지고 있으며 실재 입수하기도 했다는 것은 틀림없는 사실로 보인다. 그리고 대량 살상무기를 이용한 테러를 매우 진지하게 고려하고 있을 가능성은 대단히 높다.

실제로 2002년 8월 18일, CNN이 입수한 알 카에다의 비디오테이프에 개를 상대로 화학가스를 시험한 장면이 찍혀 있어 미국 정부에 충격을 주었다. 전문가들은 빈 라덴은 오래 전부터 대량 살상무기를 얻기 위해 노력했으며, 미국과 서방에 대한 대량 살상 테러리즘은 단순한 걱정이 아닌 현실이라 경고했다. 화학무기 전문가로 미 행정부에 자문을 하고 있는 존 길버트(John Gilbert)는 "알 카에다의 (화학무기) 기술 수준에 대해서는 많은 추측이 있었지만 그들이 실험을 되풀이할 수 있는 능력 등은 치명적인 화학무기를 생산하는 방법을 갖고 있음을 분명하게 시사하고 있다"고 지적한 바 있었다.

제2절 테러 자행 과정

알 카에다의 작전은 계획부터 실행까지 상당히 오랜 기간이 걸린다. 1998년 동아프리카에서 발생한 미 대사관 폭탄테러 사건은 계획부터 실행까지 1년이란 기간이 걸렸으며, 9·11 테러는 최소 4년 이상의 시간이 걸렸다. 모든 과정이 확실히 정해져 있거나 반드시 순서대로 진행하지는 않지만 테러리스트들은 매우 신중하며, 과정 하나하나를 매우 조심스럽고 은밀하게 진행시키기 때문이다. 작전 과정은 결정, 목표 물색, 작전 구상 및 준비, 조직원 선발, 훈련, 배치, 실행의 단계로 이루어진다.

1. 결정 단계

결정 단계는 지도부가 테러의 필요성에 대해 결정하는 단계이다. 이는 최고위급 간부들이 참석한 회의에서 철저한 토론을 통해 결정되는데, 이 때 국제 정세, 자신들의 상황 등 중요한 내용들을 고려하며 테러를 할 필요가 있는지 없는지를 결정하며, 테러의 전반적인 목적을 결정한다. 회담에 참석하는 일원은 상황에 따라 유동적이다. 한때 이러한 테러리즘 회의에 알 카에다 지도부뿐이 아닌 이란, 수단 이슬람 지도부, 각 테러리스트 단체 지도부 등 여러 최고 간부들이 참석했던 적이 있지만, 알 카에다 내 소수의 의견만으로 테러가 결정되는 경우도 있다.

1998년 케냐, 탄자니아 테러는 알 카에다뿐 아니라 이란, 수단 등 아프리카에 진출한 이슬람 전선의 흥망이 걸려 있는 중요한 문제였다. 빈 라덴과 수단 이슬람 지도자, 이란 정부 등 이슬람 전선의 지도자들은 끊임없는 토론으로 아프리카 및 중동의 정세, 그리고 동아프리카에 진출한 미국 정치적 의도를 분석하기 시작했다. 동아프리카 작전 때 이들이 정한 슬로건은 동아프리카에 중요한 이익이 걸려 있는 수단 정부를 위한 '수단의 성전'이었다.

2. 목표 물색

지도부가 테러를 수행하기로 결정했다면, 목표 물색에 들어간다. 지도부는 몇 번에 걸친 토론으로 상세히 공격 목표를 물색하며 조직원들은 잠재적 목표물에 대한 정보를 수집하고 직접 현장을 답습하기도 하며, 철저히 준비한다. 목표 설정은 보통 초반부터 확실히 정하지 않는다. 예를 들어 어느 국가의 시설물 정도로 모호하게 설정해 놓는다. 목표 물색은 아주 오랫동안 다른 단계와 병행하면서 신중하고 치밀하게 진행한다. 1998년 동아프리카 작전 당시 케냐와 탄자니아의 미 대사관이라는 구체적인 공격 목표는 8월 초에 결정지어졌다.

알 카에다는 목표물을 설정할 때 주로 상징성을 중요시한다. 이들은 사회적·역사적으로 중요한 상징이 되는 목표물을 찾고 목표물을 공격했을 때 물리적 타격뿐 아니라 적이 받을 정치적·심리적 충격과 무력감까지 고려한다. 이런 측면에서 9·11 테러에 희생된 세계무역센터는 알 카에다에게 이상적인 공격 목표였다. 세계무역센터는 미국 경제의 상징이었기 때문이다. 알 카에다는 또한 공격 목표에 민간인·비민간인 구분을 두지 않으며, 국적도 연연하지 않는다. 1998년 동아프리카 미 대사관 폭탄테러 당시 미국인은 12명이 희생된데 비해 아프리카인은 200명 이상이 사망했다. 9·11 테러도 미국인뿐 아닌 수많은 국적의 사람들이 희생되었다.

3. 작전 구상 및 준비 단계

작전 구상이란 작전에서 전개할 테러의 양상에 대한 구상을 말한다. 알 카에다는 작전 구상 단계에서도 역시 철저한 토론을 통해 작전을 수립한다. 알 카에다는 작전 구상에 지도부뿐만 아니라 일반 조직원 또는 다른 테러리스트 단체의 아이디어까지 받아들이는 개방성을 가지고 있다. 9·11 테러를 최초로 계획한 칼리드 셰이크 모하메드는 1996년 테러 아이디어를 취합하던 빈 라덴과 접촉하여 항공기를 이용한 테러에 대한 아이디어를 설명했는데, 당시 모하메드는 알 카에다 조직원이 아니었으며, 빈 라덴과는 1989년 이후 처음 만나는 것이었다.

작전 구상은 보통 몇 차례에 걸쳐 장기간 계획된다. 보통 초기에 계획되었던 작전 그대로 진행되지는 않고 상당 부분이 수정된다. 9·11 작전은 초기 아시아와 미국에서의 동시 작전이었으나, 아시아 작전은 후에 빈 라덴에 의해 취소되었다. 테러리스트들은 필요한 모든 정보를 수집하면서 잠재적 목표물과 인근 지역을 철저히 답사하며, 상세한 지도를 작성한다. 또한 목표 건물의 건축구조와 강도를 평가하고 구체적으로 어떤 지점에 어떤 공격을 가해야 하는지 연구한다.

대략적인 공격 형태가 정해졌다면, 그 공격을 위해 무엇을 어떻게 준비해야 하는지 연구한다. 예를 들어 실행해야 할 테러가 폭탄을 사용하는 작전이라면 필요한 약품을 사고 폭약을 주조할 안전한 장소를 물색한다. 1998년 동아프리카 작전은 미 대사관 두 곳에 대한 차량 폭탄 공격이었다. 이를 위해 테러리스트들은 1톤에 달하는 고성능 폭약을 파키스탄의 비밀 가옥에서 주조하여 트럭으로 케냐와 탄자니아 두 지역으로 옮겼다. 9·11과 같은 항공작전은 더욱 치밀한 전문성이 요구되는데, 테러리스트들은 몇 개월간 비행 훈련을 받았다.

작전 구상과 함께 작전 준비 역시 은밀히 진행되는데, 작전 준비란 테러리스트들의 수월한 이동을 위한 여권을 구하며, 거주 또는 훈련, 폭탄 보관 장소를 물색하고, 그 밖에 작전에 쓰일 여러 가지 도구들을 지원해 주는 일을 말한다. 보통 작전 준비는 작전을 수행할 테러리스트들이 하지 않는다. 이들은 훈련과 다른 업무에만 집중할 뿐 작전 준비는 이를 전문으로 하는 지원세포에 의해서 실행된다.

4. 조직원 선발 단계

직접 작전을 수행할 임무를 맡은 테러리스트들은 지도부에 의해 구성된다. 이들이 어떤 기준으로 선발되는지는 밝혀진 바 없으나 그들의 능력이나 경력에 따른 선발이라기보다는 미국에 대한 증오심이나 테러에 대한 열정 혹은 작전에 유리한 조건을 갖춘 조직원들이 주로 선발되는 것으로 보인다. 특히 테러에 대한 열정과 각오를 중요하게 여기는데, 알 카에다 대원들은 모두 지도부와의 면담을 통해 순교에 대한 각오를 확인받는다.

9·11 작전을 수행한 테러리스트들은 대부분 실전 경험을 가지고 있었으나, 대단히 뛰어난 전투 능력과 경력을 갖춘 자는 칼리드 알 미다르(Khalid al-Mihdhar)와 나와프 알 하즈미(Nawaf al-Hazmi) 두 명 정도였다. 나머지는 대부분 2~3년 정도 경력의 신입이었으며, 전투 능력보다는 열정이나 다른 조건을 보았다. 특히 모하메드 아타, 람지 빈 알쉽(Ramzi bin Alshibh), 마르완 알 쉐히(Marwan al Shehhi), 지아드 자라(Ziad Jarrah), 함부르크 세포라 불리는 이 네 명은 영어를 유창하게 구사하고, 독일에서 생활한 경험이 있어서 서구 사회를 파악하고 있었다는 점 등이 선발에 결정적 영향을 주었다.

알 카에다는 처음부터 작전에 참여하는 인원을 정해 놓고 테러리스트들을 선발하지는 않으며, 여러 상황에 따라 새로 조직원을 선발하여 투입하기도 하고 제외시키기도 한다. 일례로 함부르크 세포 4인은 그들의 좋은 조건이 작전에 도움이 될 것이라는 지도부의 판단으로 1999년 말 선발했고, 2000년 초중반 작전 중 비행기를 장악하고 인질들을 통제하는 일을 도울 테러리스트 13명을 추가로 더 작전에 투입했다. 또한 9·11 작전에 투입될 대원들은 19명 외에 9명이 더 선발되었으나, 여러 가지 이유로 제외되었다.

5. 훈련 단계

선발된 테러리스트들은 모두 알 카에다 훈련 캠프에서 훈련을 받는다. 훈련은 거의 아프간에 위치한 알 카에다 훈련 캠프에서 이루어졌는데, 초반부터 작전에 맞는 특수훈련을 받는 것은 아니고 체력 단련, 총기 취급 요령, 접근 전투, 차량에서의 사격, 야간 전투, 폭탄 취급, 유괴 등 일반적인 전투 기술을 배운다. 다만 9·11 테러리스트들은 보통 테러리스트와는 다른 엘리트 훈련을 받았는데, 이는 다른 특별한 이유보다는 당시 아프간에서 운영되던 엘리트 훈련소인 메스 아이낙(Mes Aynak) 캠프가 알 카에다가 운영하는 유일한 캠프였기 때문인 것으로 보인다.

9·11처럼 작전에 비행기 조종과 같은 특수한 기술이 필요할 때는 일반적인 훈련을 받은 후 따로 특수훈련을 받는다. 9·11 테러리스트들 중 일부는 카라치에서 칼리드 셰이크 모하메드에게 직접 특수 훈련을 받았는데, 이들은 비행기 조종 훈련과 영어, 서양문화 등에 관해 집중적으로 훈련을 받았다.

6. 배치 단계

어느 정도 작전 계획이 수립되고 전반적인 훈련을 마친 후 테러리스트들은 공격 목표가 위치한 국가에 배치된다. 이들은 적국 사회에 깊숙이 침투하여 위장된 신분으로 철저히 잠복하여 대기한다. 좀더 은밀한 위장을 위해 테러리스트들은 직업도 구하고 친구도 사귀는 등 최대한 평범하게 보이려고 노력한다.

동아프리카 작전을 주도한 테러리스트의 리더였던 모하메드 사디크 오데는 작전요원으로 선발되기 이전부터 몸바사에서 활동하고 있어 이동에 별 문제가 없었다. 그는 나이로비에 두 명의 공작원을 두고 있었는데, 비밀리에 활동하기 위해 오데는 몸바사의 어부로 위장했으며, 나이로비의 두 명의 공작원은 도급 업자로 위장했다. 이렇게 함으로써 그들은 별 의심 없이 작전지역인 두 국가를 자주 왕래할 수 있었다.

9·11 테러리스트의 리더인 모하메드 아타는 경력이 깨끗했으며, 독일에 거주한 경력과 영어를 매우 잘하여 미국으로 이동하는 데 별 어려움이 없었다. 그는 미국에 도착하고 얼마 후 수염을 깎아 버렸다. 이슬람 교도의 긴 의상도 벗어버리고, 서양식 옷차림을 입었다. 그들은 집을 구해 준 부동산 소개업자에게 과자를 선물로 주기까지 했다. 테러리스트들은 대기 상태에 있으면서도 작전에 대한 철저한 준비를 소홀히 하지 않는다. 오데는 동아프리카 작전이 구체적으로 결정된 이후에도 케냐와 탄자니아를 오가며 끊임없이 잠재적 목표물들을 조사했으며, 작전 개시 바로 며칠 전에는 동아프리카 작전에 투입된 작전 구성원 모두가 두 곳의 미 대사관을 최종적으로 답사하고 관찰했다.

9·11 작전에 참여한 테러리스트 역시 비행학교와 비행 시뮬레이션 프로그램을 통해 훈련을 지속했으며, 그 중 하니 살레 한주르(Hani Saleh

Hanjour)와 지아드 자라(Ziad Jarrah)는 8월경 조사 목적으로 작전 때 납치할 비행기와 같은 기종의 비행기를 탑승했던 것으로 밝혀졌다.

7. 실행과 그 후 단계

오랫동안 준비해 온 테러작전의 성공 여부는 오로지 선발되고 훈련받은 테러리스트들에게 모든 것이 달려 있다. 테러리스트들은 모두 지도부에 의해 순교할 각오를 몇 번이나 다짐받았으며, 침착하게 작전을 진행하기 위해 수없이 훈련을 받았다. 지도부와 지원세포는 할 수 있는 일이 거의 없으며 전혀 개입하지 않는다. 다만 작전 후 지원세포가 활동하는데, 이들은 그 지역에 머물면서 작전을 수행한 테러리스트들의 모든 흔적을 제거하는 역할을 맡는다. 알 카에다는 테러 후 행동에 관해서도 계획하는데, 알 카에다는 적국에 혼란을 주기 위해 실제로 테러를 자행한 자신들은 아무런 발표도 하지 않는 반면 알 카에다와 연계되어 있으면서 표면적으로는 보통 이슬람 단체인 협력조직에게 성명 발표를 하도록 하는 수법을 자주 활용한다.

제 5 장

대테러 전쟁과 알 카에다 전략

제 1 절 대테러 전쟁

정치, 이념 등과는 무관한 2,749명의 무고한 시민이 목숨을 잃은 9·11 미 테러는 테러 역사상 최악의 사건으로 기록되고 있다. 9·11 테러를 겪은 미 정부는 알 카에다가 일반적인 테러리스트 단체와는 다른 매우 강력하고 거대한 조직이라는 것을 인식하게 되었다. 이에 따라 알 카에다와의 싸움은 기존의 대테러 정책으로는 역부족이라는 사실을 깨달았다.

사건 직후 개최된 국가안전보장회의(NSC)에서 부시 대통령은 미국이 지금까지와는 다른 새로운 종류의 적과 전쟁 상태에 있음을 강조하면서, 9·11 이전에 추진했던 사항들은 모두 백지화했다. 테러리스트들을 제거하고, 테러조직을 지원하는 모든 세력을 응징할 전략을 세우도록 지시했다. 이는 전 세계 국가 안보에 커다란 영향을 미친 대테러 전쟁의 개시를 의미했다.

대테러 전쟁의 첫 번째 목표는 분명했다. 그것은 빈 라덴을 포함한 알 카에다 지도부 전원의 체포였다. 미 정부는 파키스탄을 통해 탈레반에 알 카에다 지도부를 넘겨 줄 것과 테러리스트 캠프 폐쇄 등의 요구가 담긴 최후 통첩을 보냈다. 2001년 9월 18일 탈레반 측은 모든 요구 사항을 거절하지는 않을 것이라는 다소 모호한 답변을 전달했다가 얼마 후 빈 라덴의 인도를 거부했다. 이에 미국 정부는 아프간의 탈레반 정권에 대한 전쟁을 선포하고, 9월 19일 '무한 정의 작전(operation infinite justice)'으로 명명된 군사작전을 개시했다. 미 정부는 미국 본토 내 군사력을 걸프 지역으로 배치하고, 유럽연합을 포함한 여러 동맹국들과 연합전선을 구축하는 등 본격적인 전쟁 준비를 시작했다. 9월 26일 이슬람의 정서를 고려하여 작전명을 '항구적 자유(enduring freedom)'로 변경하고, 10월 5일 산악사단 병력 1,000여 명을 우즈베키스탄 등 아프간 주변국에 배치하여 대테러 전쟁 준비를 완료했다.

아프간에 대한 미군과 연합군의 공격은 10월 8일 수도 카불과 잘랄라바드, 칸다하르 등 주요 도시에 대한 대대적인 공습으로 시작되었다. 미군은 최첨단 무기와 특수부대를 동원해 막대한 화력으로 테러리스트들을 공격했고, 이에 탈레반은 아무런 저항도 하지 못하고 개전 한 달 만에 아프간 국토의 80% 이상을 미군과 연합군 측에 내주었다. 아프간에 대한 대테러 보복 전쟁 개시 2개월 후 이번에는 수백 명의 중앙정보부 요원과 미 특수부대 병력이 아프간에 투입되었다. 이들은 현지 민병대와 기타 연합군의 협력을 받아 알 카에다와 탈레반 정권 괴멸 작전에 들어갔다.

2001년 11월 들어 탈레반 정권은 한 달이 넘는 미국의 공습과 국제적 지원을 받는 북부동맹의 공세에 밀리면서, 탈레반은 남부 지역으로 그 세력권이 급격히 축소되었다. 이후 탈레반 정부는 소수의 잔당만이 도피 상태에 있을 뿐 거의 괴멸된 상태로서 활동 능력을 잃었다.

알 카에다 역시 막대한 피해를 입었다. 미군의 공습으로 대부분의 훈련소가 파괴되었으며, 수많은 조직원이 사살되거나 체포되었다. 특히 2002년 3월 가르데즈 남쪽 산악 지역에서 벌어진 개전 이래 최대의 전투로 거의 모든 알 카에다 세력이 파키스탄 산악지대로 패퇴했다. 미국은 아프간에서의 전쟁이 승리했음을 판단하고, 대체 정부를 논의하기 시작했고, 12월 22일 아프간에서는 다국적 평화유지군의 지원 아래 과도 정부가 출범했다.

미국은 알 카에다의 비호 세력인 탈레반 정권을 붕괴시키는 데는 성공했지만, 빈 라덴과 주요 조직원의 체포와 알 카에다의 완전 괴멸이라는 소기의 목적은 달성하지 못했다. 미국은 전쟁 이후 빈 라덴과 자와히리 같은 주요 간부들이 모조리 체포될 것임을 자신했지만 수장인 빈 라덴과 알 카에다의 2인자인 자와히리를 체포하는 데는 실패했다. 미국은 그를 잡기 위해 파키스탄과 협력하고 중앙정보부의 최첨단 장비들과 특수부대들을 동원하여 전 지역을 샅샅이 뒤지고 있지만, 현재까지 그저 아프간-파키스탄 국경의 산악 지역 어딘가에 있을 것이라 추측할 뿐 아무런 흔적조차 찾아내지 못하고 있다. 오히려 빈 라덴은 미국 대통령 선거 4일 전인 2004년 10월 30일 알자지라를 통해 성명을 발표했으며, 같은 달 자와히리 역시 테이프를 통한 성명을 발표하여 미국을 비웃는 여유를 보이기도 했다.

또한 아프간에서의 타격으로 알 카에다의 활동력에 큰 제동이 걸렸을 것이라는 주장도 틀린 것으로 드러났다. 이미 아프간에서 수많은 알 카에다 조직원들이 빠져 나갔으며, 2002년 10월 발리에서 발생한 폭탄 테러와 2004년 3월 11일 스페인 열차 폭탄 테러사건으로 입증되었듯이 전 세계에 퍼진 세포조직원들과 알 카에다의 수많은 협력조직들이 미국이라는 공동의 적을 공격하기 위해 움직이기 시작한 것이다.

제2절 대테러 전쟁과 알 카에다

부시 미 대통령은 9·11 테러 이후 새롭게 발령된 대통령 훈령 제9호를 통해 대테러 전쟁의 최종 목표가 "우리 삶에 위협이 되는 테러리즘의 종식"이라 밝혔다. 이를 위해 미국은 모든 테러리스트 조직망을 없애고 자금 지원을 차단하고, 그들의 지원 세력을 없애는 데 필요한 모든 능력을 동원하여 알 카에다를 압박하기 시작했다. 대테러 전쟁은 알 카에다에게 상당한 타격을 주었고 이후 활동에 큰 영향을 미쳤는데, 그 요인은 다음과 같이 분석할 수 있다.

첫째, 알 카에다의 든든한 후원 세력이었던 탈레반 정권의 붕괴를 들 수 있다. 탈레반과 빈 라덴은 1980년대 소련-아프간 전쟁 이후 매우 긴밀한 협력 관계였으며 알 카에다의 가장 큰 비호 세력이었다. 빈 라덴은 아프간 전쟁 당시 무자헤딘을 이끌며 소련군을 물리치고 아프간에 원리주의 정권을 세우는 과업에 젊음을 바쳤다. 탈레반 역시 전쟁 당시 빈 라덴에게 입은 은혜를 잊지 않고 알 카에다에게 여러 가지 큰 도움을 주었다. 탈레반은 알 카에다를 비롯한 여러 이슬람 테러리스트 단체에게 아프간에서 주둔하고 훈련할 수 있도록 허락해 주었으며, 빈 라덴이 1996년 수단에서 쫓겨나 곤란에 처했을 때 그를 환영해 주었다. 그뿐만 아니라 1998년 미국이 케냐 및 탄자니아에서 발생한 폭탄테러 사건으로 탈레반 측에 빈 라덴을 넘겨 줄 것을 요구했을 때도 아프간은 미사일 공격에 경제 제재 조치까지 받았지만 끝까지 거부했다. 알 카에다는 탈레반의 보호 속에 안전하게 활동했으며 성장할 수 있었다. 따라서 탈레반의 붕괴는 알 카에다에게는 믿음직한 보호막을 잃어버린 것과 마찬가지일 것이다.

둘째, 알 카에다의 본부라 할 수 있는 아프간이 미국의 손에 넘어간 것이다. 알 카에다는 전 세계에 그 조직이 퍼져 있으며 어느 한 곳에 주둔하고 있지는 않다. 그러나 아프간 지역이 알 카에다에게 중심부와 같은 본부였던 것은 틀림없다. 소련-아프간 전쟁 당시 파키스탄과 아프간에 위치한 무자헤딘 캠프는 급진적인 이슬람 테러리즘의 본부나 마찬가지였으며, 1980년대 후반에는 이슬람 테러리즘의 중심지로 변모했다. 아프간 무자헤딘 캠프는 그만큼 중요성이 커지기 시작했던 것이다. 알 카에다는 이러한 아프간 무자헤딘 캠프에서 창설되었으며 이를 거점으로 크게 성장했다. 또한 아프간에 위치한 알 카에다 훈련 캠프는 보통 테러리스트 캠프와는 달리 기본적인 군사 훈련과 함께 좀더 전문적이고 기술적인 고급 군사 훈련시설도 완비되어 있어 이슬람 테러리스트와 알 카에다 신병들을 프로급 테러리스트로 훈련시키는 데 중요한 역할을 했다. 알 카에다가 자행한 대부분의 테러에 투입된 테러리스트들이 아프간 훈련소 출신이다. 그뿐만이 아니다. 빈 라덴이 은밀히 진행한 대량살상무기 프로젝트 역시 아프간에 위치한 알 카에다의 비밀시설에서 이루어졌다. 그러나 대테러 전쟁으로 아프간에 위치한 알 카에다의 시설 대부분이 파괴되었다. 미군의 주요 공격 목표는 탈레반의 주요 시설뿐 아니라 알 카에다의 훈련 시설이 있는 다룬타, 알 카에다의 기지가 있는 코스트 등이 포함되어 있었다.

셋째, 알 카에다의 핵심 조직원 다수가 미군과 연합 세력에 의해 체포 또는 사살된 것을 들 수 있다. 먼저 알 카에다 군사 부문 책임자이자 9·11 테러 공격의 핵심 배후 인물인 모하메드 아테프(Mohammed Attef)가 미군의 공습으로 사망했으며, 9·11 테러를 계획한 알 카에다 간부 칼리드 셰이크 모하메드(Khalid Sheikh Mohammed)가 2003년 3월 체포되었다. 그 밖에 타우픽 아타쉬 칼라드(Tawfiq Attash Khallad), 아부 주베이다(Abu Zubaydah), 압드 알 라힘 알 나시리(Abd

Al-Rahim Al-Nashiri), 아부 주바이르 알 할리(Abu Zubair al-Haili) 등 수많은 알 카에다 간부급 조직원들이 체포되었다. 비록 빈 라덴과 자와히리는 잡지 못했지만 이러한 타격은 곧 지도부의 마비로 이어졌고, 이로 전 세계로 흩어진 알 카에다 조직원들이 반독립적 활동을 시작하게 되었다.

넷째, 알 카에다의 또 다른 협력 세력이었던 이란과 파키스탄이 알 카에다에게 등을 돌린 것이다. 이란은 이슬람 테러리즘 네트워크의 중핵이었으며, 원리주의 정부가 들어선 이후 계속 원리주의 테러리스트 단체를 지원했다. 빈 라덴은 이란과 이슬람 혁명의 확산이라는 공동의 목적을 가지고 있는 동지였다. 이는 파키스탄도 마찬가지이다. 파키스탄 정보국 ISI는 아프간 전쟁 때부터 빈 라덴을 포함한 여러 이슬람 테러리스트 단체와 연계되어 있었다. 그러나 9·11 이후 미국의 대테러 전쟁이 테러리스트뿐만 아니라 그 비호 세력, 테러 지원국들까지 적으로 간주하자 이들 국가는 알 카에다와의 연계를 부인하며 빈 라덴에게 등을 돌렸다. 이란은 알 카에다 요원들을 추방하거나 체포하여, 알 카에다를 압박하기 시작했으며, 파키스탄 역시 미국에 협력하며 알 카에다 요원들을 추적하기 시작했다. 특히 파키스탄은 대테러 전쟁 이후 완전한 친미 국가로 돌아섰다. 무샤라프 대통령은 대테러 전쟁을 기회로 삼아 자국의 경제난을 해결하고 종교로부터 분리된 근대화된 국가를 건국하려는 목적을 가지고 있었다. 2003년과 2004년 겨울 무샤라프는 빈 라덴과 자와히리를 체포하기 위해 아프간 북서부 산악지대에 파키스탄군을 진격시켰다. 알 카에다는 미군뿐 아니라 파키스탄군과도 대적하게 되었다. 파키스탄은 알 카에다의 강력한 협력자에서 강력한 적으로 돌아선 것이다.

제 3 절 알 카에디즘과 이슬람 테러의 확산

미국 조지 부시 정권은 9·11 테러 이후 '테러 척결'의 기치 아래 아프간과 이라크를 공격하고 국제 테러조직 알 카에다 조직원들을 추적하며 대대적인 '테러와의 전쟁'을 벌여 왔다. 대테러 전쟁으로 인해 알 카에다는 본부를 잃고 수많은 조직원이 체포되는 등 막대한 피해를 입고 분열되었다. 그러나 테러와의 전쟁에서 승리 선언에도 불구하고, 미국은 곧 이슬람 테러리즘의 새로운 현상에 직면하기 시작했다. 전 세계에 수많은 이슬람 테러리스트 단체에 의해 반미 성전이라는 구호 아래 과격한 테러리즘이 급속도로 확산되기 시작한 것이다. NBC 방송은 9·11 테러 이후 2,929건의 테러가 일어났는데, 이 가운데 58%인 1,709건이 2004년에 발생한 것으로 집계했다. 테러는 오히려 늘어나고 있는 것이다. 미국이 알 카에다를 9·11 배후로 지목해 아프간을 점령하고 테러 위험을 미리 제거한다며 잇따라 이라크를 침공했으나 이슬람 쪽의 저항은 수그러들 기미가 보이지 않았다.

테러는 오히려 더욱 넓은 지역으로 확산되고 있다. 지난 2004년 3월에는 스페인 마드리드 열차에서 강력한 폭탄이 터져 191명이 사망했고, 같은 해 9월 8일 인도네시아에서는 오스트리아 대사관을 노린 폭탄 테러 사건이 발생했다. 9월 15일 북 오세티아 베슬란 시에서 무장한 체첸 반군에 의해 제1 공립학교가 점거되는 사건이 발생하여 335명이 사망, 200명이 실종, 수백 명이 부상당하는 대참사로 이어졌다. 전문가들은 이처럼 과격한 테러리즘의 급격한 확산을 알 카에다 이념, 즉 알 카에디즘(Al-Qaedism)의 확산이라 부르며, 알 카에다는 사라지지 않고 미국과 서방, 이스라엘뿐 아니라, 아시아까지, 이슬람과 대립하는 모든 적들과의 투쟁 이념으로서 존재하고 있다고 분석하고 있다.

알 카에디즘이란 단순히 알 카에다의 반미 성향만을 의미하는 것이 아니다. 테러리스트들은 알 카에다의 과격하고 잔인한 테러 성향과 자발적이며 예측 불가능한 동시다발적 공격 방식을 그대로 답습하고 있다. 2002년 발리 폭탄 테러로 189명이 사망하고, 유럽판 9·11이라 불리는 스페인 마드리드 열차 폭탄 테러사건으로 191명, 2004년 9월 9일에 발생한 호주 대사관 폭탄 테러사건에서는 190여명이 희생되는 등 테러로 인한 사망자 수가 눈에 띄게 늘고 있다.

알 카에디즘의 등장 배경은 미국의 대테러 전쟁에 분노한 이슬람권에 들끓고 있는 극도의 반미 기운과 빈 라덴이 오랫동안 노력한 이슬람 테러리즘의 확산이라는 알 카에다의 전략에서 찾을 수 있다. 미국은 9·11 테러가 발생하자 신속하게 대규모 군 병력을 동원하여 아프간을 침공했다. 미국은 파키스탄과 동맹을 맺고 중동의 여러 이슬람 국가들의 협력을 얻어낸 것처럼 보였으나 침공을 시작하자마자 수백만 이슬람이 거리로 뛰쳐나와 열렬한 반미 시위를 벌였다. 미군이 탈레반을 격퇴시키고 전쟁을 승리로 장식하고 아프간의 대체 정부를 수립한 후에도 반미 기운은 가라앉을 줄 몰랐다.

대테러 전쟁의 연장선인 이라크전은 마치 불에 기름을 붓는 것처럼 이미 극에 달한 반미 기운을 중동뿐 아닌 전 세계로 확대시킨 계기가 되었다. 미국은 아프간 전쟁이 거의 종결된 지 얼마 안 되서 이라크전을 준비하기 시작했다. 미국은 처음에는 국제 사회의 협력을 끌어내려고 이라크 문제를 유엔에 회부했으나 이라크전에 대한 1차, 2차 결의안이 반대로 인해 기각되었다. 그리고 무기사찰단도 별 수확을 건지지 못한 체 시간이 계속 지나면서 미국의 인내심은 한계에 다다르고 결국 모두가 반대하는 전쟁을 일방주의로 밀어붙여 강행한 것이다.

매들린 올브라이트(Madeleine Albright) 전 미 국무장관은 미국 여론

조사기관인 퓨(Pew) 리서치센터 및 파리에서 발행되는 영자지 『인터내셔널 헤럴드 트리뷴(*IHT*)』과 공동으로 2002년 7월부터 10월까지 44개국 3만 8,000명을 대상으로 반미 감정에 관한 여론조사를 실시했다. 그 결과 전 세계의 반미 감정은 크게 고조된 것으로 나타났고, 특히 미국의 동맹국인 영국, 독일, 일본, 한국에서 미국에 대한 호감도가 각각 2년 전에 비해 8%(83→75), 17%(78→61), 5%(77→72), 5%(58→53)가 하락한 것으로 나타났다. 조사 결과에서 보여지듯이 미국에 대한 반미 감정은 단순히 이슬람 지역에만 그치는 것이 아니라, 유럽, 아시아, 중남미, 아프리카 지역으로 확산되어 가는 양상을 보였다. 극에 달한 분노, 풀 길이 없는 분노는 대부분 극단적 폭력에 의존해 버리는 경향으로 나타난다. 확산되는 분노만큼 반미의 기치를 내세우는 테러리즘도 확산되고 있는 것이다.

하지만 단순히 반미 감정만으로 알 카에디즘을 이해할 수는 없을 것이다. 이슬람에 만연해 있는 반미 기운을 단순한 폭력이 아닌 조직화되고 전문화된 과격 테러리스트의 배출로 이어지게 만드는 힘의 배후에는 알 카에다가 존재한다. 알 카에디즘은 미국에 대한 분노와 알 카에다에 대한 동경이 만들어 낸 현상이라기보다는 알 카에다의 전략으로 이해해야 할 것이다. 발리에서 발생한 나이트클럽 폭탄테러 사건과 터키에서 발생한 영국 영사관과 홍콩상하이은행(HSBC) 폭탄테러 사건을 분석해 보면 제마 이슬라미아는 이미 오래 전부터 알 카에다와 협력 관계였다는 것이 드러난다. 제마 이슬라미아의 함발리는 알 카에다 간부회의에 참석한 적이 있다. 터키 테러 역시 알 카에다의 2인자 아이만 알 자와히리가 개입했던 것으로 밝혀졌다. 또한 전 세계로 흩어진 알 카에다 대원들 역시 각 지역 테러리스트 단체와 협력하여 반독립적 활동을 계속하고 있는 것으로 파악된다. 즉 알 카에다는 단순히 이념만이 아닌 여전히 이슬람 테러리즘 네트워크의 실재적 배후로서 존재하며 알 카에디즘의 확산을 조장하고 있는 것이다.

그러나 알 카에디즘이 알 카에다의 전략이든 아니든 알 카에다의 위상은 점점 더 높아지고 있다. 이슬람 세계에서 알 카에다의 존재는 반미 성전의 상징이자 투쟁의 전위(前衛)나 다름없다. 특히 빈 라덴은 단순한 동경의 대상을 넘어 거의 신화적 존재가 되고 있다. 모든 테러리스트 단체가 알 카에다가 되고 싶어하며, 모든 테러리스트가 빈 라덴이 되고 싶어한다. 마드리드 열차 테러의 주범으로 알려진 모로코 이슬람 전사단(GICM)은 스스로 알 카에다라 칭하고 있으나, 이들은 빈 라덴과는 직접적으로 연계된 적이 없고 실제로 알 카에다 요원인지도 밝혀진 바 없다. 다만 이들은 빈 라덴을 추종하며 알 카에다처럼 되기를 열망하고 있는 것이다.

제 4 절 알 카에다와 이라크전쟁

미국은 2003년 3월 17일 48시간의 최후 통첩을 보낸 뒤, 3월 20일 오전 5시 30분 바그다드 남동부 등에 미사일 폭격을 가함으로써 '이라크의 자유(Freedom of Iraq)'라 명명된 작전과 함께 전쟁을 개시했다. 후세인(Saddam Hussein) 정권 역시 미국의 침공에 맞서 전면전을 선포했으나, 전세는 아프간전과 크게 다르지 않았다. 미군의 최첨단 무기에 이라크군은 속수무책으로 당할 수밖에 없었다. 3월 말부터 4월 초까지 이라크 주요 지역 대부분이 미군에 의해 장악되었고, 4월 10일 이라크의 수도 바그다드 역시 미군의 수중에 넘어갔다. 이로써 전면전은 막을 내리고, 4월 14일에는 미군이 이라크의 최후 보루이자 후세인의 고향인 북부 티크리트 중심부로 진입함으로써 발발 26일 만에 전쟁은 사실상 끝이

났다.

아프간 전쟁과 같이 압도적인 군사력을 바탕으로 순식간에 전쟁을 종결시킨 미국은 두 번째 대테러 전쟁 역시 승리로 결론지었다. 그러나 전쟁은 계속되고 있다. 이라크군은 무너졌지만 이라크 국민들의 엄청난 저항에 부딪히게 된 것이다. 이들은 단순한 시위 정도에 그치지 않고 특히 수니 지역을 중심으로 저항조직들이 결성되면서 조직적으로 미군에 저항하기 시작했다. 초반에 미국이 보였던 자신감과는 달리 이라크는 미군과 반미 저항 세력 간의 충돌로 무정부 상태가 되었다. 이라크 내에서 발발한 무장 봉기로 미국은 크게 당황했으며, 이라크 저항조직의 공격으로 미군의 피해가 속출했다.

반미 저항 세력의 수렁에 빠진 미국과는 달리 미국의 두 번째 대테러 전선인 이라크전은 알 카에다에게는 오히려 새로운 기회가 되었다. 이라크의 상황은 여러모로 빈 라덴이 원하는 방향으로 흘러가고 있다. 미국은 이라크에 민주주의를 심어 주겠다며 임시정부를 세우고 전후 복구에도 힘을 기울이는 등 이라크의 민심을 달래기 위해 여러 가지 노력을 해 왔으나, 이라크 민중 속에 반미 성향은 점점 거세어지고 있다. 반군조직은 미군의 진압에도 불구하고 기세가 꺾이지 않고 있다. 이라크의 모든 상황이 반미 성전을 확산시키고 미국에 대해 아프간에서 진 빚을 갚을 제2 라운드를 시작할 준비를 하고 있는 빈 라덴에게 유리하게 돌아가고 있다. 따라서 알 카에다가 이라크에 진출하는 것은 지극히 당연하다. 실제로 수니 삼각 지역에 외국인 무자헤딘이 늘고 있으며, 외국인 무자헤딘으로 구성된 테러리스트 단체들이 늘어나고 있는 것으로 확인되었다. 특히 아부 하프스 알 마스리 여단(Abu Hafs Al-Masri brigade), 안사르 알 이슬람(Ansar Al-Islam), 안사르 알 순나(Ansar Al-Sunna) 등의 무장단체가 알 카에다와 직접적으로 연계된 것으로 알려지고 있다.

9·11 테러 이전 오마르와 빈 라덴의 회담 때 공식 통역사로 일했던 샤라풀라는 「뉴스위크」와의 인터뷰에서 "빈 라덴 역시 상당수의 알 카에다 조직원을 이라크에 투입시키고 있다."고 밝혔다. 빈 라덴은 이라크에 집중하기 위해 2003년 11월경 라마단 기간 중 아프간 코우스트 지방에서 열린 비밀 회합에서 아프간 이슬람 전사들에 대한 지원금을 현재 월 300만 달러에서 절반으로 감축한다고 탈레반 측에 통고했던 것으로 알려졌다. 알 카에다는 이라크 내에서는 끊임없이 대원들을 투입하고 무장단체들을 지원하는 한편 이라크 외에서는 파병국들을 위협하기 시작했다.

2004년 3월 11일 스페인 마드리드에서 발생한 열차 폭탄테러 사건은 이라크 파병국에 대한 직접적인 테러행위로서 파병국들은 큰 충격을 받고 실질적인 테러 위협에 긴장하기 시작했다. 특히 2004년 10월 빈 라덴의 오른팔이자 알 카에다의 2인자인 아이만 알 자와히리가 테러 협박한 국가들 중에서는 이 때까지 테러 안전지대로 여겨지던 한국이 포함되기도 했다.

현재 이라크의 상황은 미국이 우세한 것으로 보이지만, 빈 라덴은 이라크를 포기할 생각은 없을 가능성이 크다. 이미 아프간을 잃은 그로서는 이라크 전쟁을 제2의 아프간 전쟁으로, 그리고 이라크를 과거의 아프간처럼 다시금 이슬람 테러리즘의 부흥을 이끌 발판으로 인식하고 있기 때문이다.

제 5 절 알 카에다의 전략 예측

알 카에다의 향후 전략을 예측하는 것은 어려운 작업이다. 알 카에다와 같은 이슬람 테러리즘의 행동 양태의 특성을 살펴볼 때 그 움직임이 매우 유동적이며, 느슨하고 때로는 모호하기까지 하기 때문이다. 그러나 알 카에다의 향후 전략을 예측하는 일은 매우 중요하며 또한 시급히 필요하다. 빈 라덴이 미국에 대해 선전포고를 하고 테러리스트로 급부상할 때부터 지금까지 그의 전략을 분석해 보면 빈 라덴의 전략은 크게 두 가지로 볼 수 있다. 이슬람 테러리즘의 확산과 테러리스트 단체의 통합이 그것이다.

9·11 테러는 이슬람 테러리즘에 일대 변혁을 가져다 주었다. 이슬람은 미국에 대한 테러에 열광했으며 빈 라덴은 이슬람 테러리스트들에게 영웅이 되었다. 이들이 빈 라덴과 9·11에서 얻은 교훈은 더욱 과격한 테러만이 적을 물리칠 수 있다는 신념이었다. 수많은 인명이 희생당한 발리 테러, 터키 테러, 마드리드 테러에서 보여 준 과격성이 9·11의 영향을 받았다는 것에는 누구도 이의를 제기할 수 없을 것이다. 알 카에다의 특징이었던 과격성의 전파는 명백히 빈 라덴의 의도라 할 수 있을 것이다. 따라서 9·11 테러는 미국에 대한 단순한 공격이라기보다는 이슬람 테러리즘의 확산이라는 측면에서 이해되어야 한다. 또한 알 카에다와 테러리스트 단체들 간의 연계는 테러리스트 단체의 통합이라는 전략적 측면에서 이해해야 할 것이다.

9·11 테러 사건과 이라크 전쟁을 통해 이슬람 테러리즘의 확산이라는 큰 성과를 달성한 빈 라덴에게 남은 앞으로의 과제는 자명하다. 바로 이슬람 테러리스트 단체의 재통합이다. 빈 라덴은 오래 전부터 이슬람 테러리즘 네트워크의 통합에 엄청난 공을 들여왔으며, 실제 1998년 2월의 '십자군과 유대인에 저항하는 국제 이슬람 전선(the World Islamic Front for Jihad Against Jews and Crusaders)' 파트와를 발표하여 이슬람 연합전선을 구축했다. 그러나 이 연합전선은 9·11 테러가 발생하기까지와 그 이후에도 사실상 제 기능을 발휘하지 못한 것이 사실이다.

아무리 9・11과 이라크 전쟁으로 이슬람 테러리즘이 전 세계로 확산된다고 해도 이대로는 절대 불완전하다는 것을 빈 라덴은 이미 잘 알고 있다. 1998년 2월의 파트와를 발표한 것은 그가 원하는 것이 그저 지원이나 협력 관계만이 아닌 하나의 거대한 군사단체였기 때문이었고 이는 지금도 마찬가지일 것이다.

동남아시아에서 제마 이슬라미아가 부상하고 있는 것과 이라크에서 알 카에다와 아부 무사브 알 자르카위의 관계가 점점 긴밀해지는 것이 중요한 단서이다. 제마 이슬라미아는 동남아시아의 알 카에다와 같은 존재로 수많은 테러리스트 단체와 밀접한 협력 관계를 맺고 있다. 제마 이슬라미아가 9・11 테러 이후 갑자기 급부상하게 된 이유에는 물론 과격한 테러도 있지만 동남아시아에 거대한 테러 네트워크를 형성하기 시작했기 때문이다. 모로이슬람해방전선(MILF)는 제마 이슬라미아 대원들에게 훈련과 은신처를 제공해 주고 있다는 의혹을 받고 있으며, 아부 사야프 그룹(ASG)과도 연계되어 있을 가능성이 크다. 그뿐 아니라 아체 해방전선과 인도네시아와 말레이시아 일대 해협의 해적들과도 연계 의혹이 끊임없이 제기되고 있다. 정황적 증거를 종합해 보면 제마 이슬라미아는 알 카에다와 동남아시아의 통합된 테러리즘 네트워크의 연결선 역할을 하고 있는 것으로 보이며, 제마 이슬라미아의 테러리즘 네트워크의 배후에는 알 카에다가 있을 가능성이 크다.

알 카에다가 아부 무사브 알 자르카위를 주목하는 이유도 이와 관련하여 생각해 볼 수 있다. 빈 라덴과 알 자르카위의 과거 관계는 확실히 밝혀진 바 없으나, 알 자르카위는 빈 라덴의 수하로 들어가 이라크 내 알 카에다 조직의 책임자가 된 것으로 보인다. 알 자르카위는 이라크 내에서 빈 라덴 이상으로 이름을 떨쳤으며, 테러리스트 단체들에게는 영웅과도 같은 존재였다. 만약 이라크 내의 수니파 테러리스트 단체를 모두 통합할 수 있는 대단한 카리스마를 지닌 인물이 있다면 그는 빈 라덴이 아닌 알 자르카위일 가능성이 더 높은 것으로 분석되기도 했다. 그러나 그는 2006년 6월 끈질긴 추적 끝에 미국에 의해 제거되었으며, 그의 후계자로 알려진 셰이크 아부 함자 알무하지르는 이에 대한 복수를 벼르고 있다.

미군의 대대적인 토벌 작전의 영향도 있지만 실제로 수니파 테러리스트 단체는 점점 통합되는 양상을 보이고 있으며, 2005년 2월 7일자 「뉴스위크」지는 이라크 저항 세력의 근간을 이루고 있는 옛 집권 바트당 당원들과 테러 지도자 아부 무사브 알 자르카위 사이에 공조 조짐이 일고 있다는 사실이 밝혀지기 시작했다고 보도했다. 물론 현재까지 알 카에다가 여러 이슬람 테러리스트와 협력하고 있다는 것 외에 1998년 2월의 파트와처럼 공식적인 움직임은 포착된 적이 없으며 재통합설을 증명할 별다른 증거가 있는 것은 아니다. 그러나 이는 미국의 대테러 전쟁으로 알 카에다가 입은 피해가 생각보다 크고 미국의 끈질긴 추적 때문에 성급히 일을 추진하지 못하고 있을 뿐, 이슬람 테러리스트 단체를 재통합하겠다는 목적이 사라진 것은 결코 아니라는 것이다.

제2부

주요 국제 테러조직

주요 국제 테러조직[1]

1. Abu Nidal Organization(ANO)

○ 가명(假名)[2]

- Fatah Revolutionary Council
- Arab Revolutionary Brigades
- Black September
- Revolutionary Organization of Socialist Muslims

1) 개요(description)

ANO는 세계에서 가장 위험한 테러범 중에 한 명으로 악명을 날렸던

1) 전 세계적으로 파악되고 있는 테러조직은 1,000여 개에 달한다. 여기에서 소개되는 테러조직은 미국 정부에 의해서 해외 테러조직(Foreign Terrorist Organizations: FTO)으로 지정된 42개의 조직에 관한 내용이다.

2) 테러조직은 작전의 성격이나 이유에 따라 특정 이름을 사용한다. 때로는 테러에 대한 보복을 피하고, 조직이 위협이 빠지지 않기 위해서도 여러 가지 가명을 사용하는 경우가 많다. 가명을 사용하여 대응 당국의 혼란을 초래하려는 의도도 있다.

사브리 알 바나(Sabri al-Banna)가 조직한 국제 테러조직으로, 1974년 팔레스타인 해방기구(PLO)의 온건 평화 노선에 강력 반대하고 분리되었으며, 정치·군사·재정 등을 담당하는 다양한 위원회로 구성되어 있다. ANO의 창설자인 사브리 알 바나는 2002년 8월 바그다드 그의 아파트에서 자살한 것으로 알려지고 있다.[3)]

〈ANO 설립자〉

2) 활동(activities)

ANO는 20여개 국가에서 테러 공격을 자행했으며, 900여 명을 살해했다. 미국, 영국, 프랑스, 이스라엘, 온건 팔레스타인인, PLO, 그리고 여러 온건 아랍국들을 공격 대상으로 삼고 있다. 주요 테러 공격으로는 1985년 12월 로마와 비엔나 공항에 대한 테러, 1986년 9월 이스탄불의 Neve Shalom 유대교회에 대한 테러와 카라치에서 팬암(Pan Am) 항공기 납치사건, 1988년 7월 그리스 포로스(Poros) 시에서의 유람선에 대한 테러를 들 수 있다. 또한 1991년 1월 튀니스에서 PLO의 부위원장 아부 이야드(Abu Iyad)와 PLO의 경호대장 아부 훌(Abu Hul)을 암살한 혐의를 받고 있다.

ANO는 1994년 1월 레바논에서 요르단 외교관을 암살했으며, 그곳에서의 PLO 대표의 살해와도 관련이 있다. 1980년 말 이후부터 서방 국가를 대상으로 한 공격은 없었으며, 사브리 알 바나 사망 이후 활동이 거의 없는 상황이다.

---

3) 사브리 알 바나의 죽음을 둘러싸고 많은 의문점이 있다. 보도에 따르면, 자살한 것으로 알려지고 있으나, 머리 여러 곳에 총격을 받은 점 등으로 미루어 살해되었을 것으로도 추정되고 있다: "Death of a Terrorist," *Jane's Intelligence Review*, Sept. 6, 2002.

3) 세력(strength)

소수의 해외 지원조직을 포함하여 수백 명으로 추정되고 있으며, 전성기에는 조직원이 400여명에 달했던 것으로 알려져 있다.

4) 작전 지역 및 근거지(location/area of operation)

ANO는 1998년 12월 이라크로 조직을 옮겼다. 주된 활동 지역은 일부 팔레스타인 난민촌을 포함해 레바논 일대이다. 재정적인 어려움과 내부적인 조직 와해로 ANO의 활동과 능력은 상당히 감소되었다. 리비아와 이집트 당국은 1999년 자국 내에서의 ANO의 활동을 금지시켰다. ANO는 중동, 아시아, 유럽을 포함한 광범위한 지역에 걸쳐 작전을 할 수 있는 능력을 과시해 오고 있다.

5) 외부 지원(external aid)

ANO는 1987년까지 이라크, 리비아, 시리아로부터 도피처, 훈련 장소, 병참 지원, 재정적인 보조 등을 포함하여 막대한 지원을 받았다.

2. Abu Sayyaf Group(ASG)

1) 개 요

아브 사야프 그룹(ASG)은 필리핀 남부에서 활동하는 이슬람 분리집단들 중에서 규모는 가장 작지만 가장 과격적인 단체이다. 이 집단의 일부 지도자들은 과격 이슬람 교리의 추종자 혹은 중동에서 유학한 자들이며, 소련의 아프간 침공시 참전한 것으로 알려지고 있다. 이 집단은 1998년 12월 18일 필리핀 경찰과의 충돌 과정에서 사망한 아브두라자크 아브바카르 잔잘라니(Abdurajak Abubakar Janjalani)의 지휘하에 1990

년 초 모로국민해방전선(Moro National Liberation Front)으로부터 분리되었다. 아브두라자크 아브바카르 잔잘라니의 동생인 카다피 잔잘라니(Khadaffy Janjalani)가 형을 이어 명목상의 지도자가 되었으며, 현재 몇 개의 준 자치 파벌로 구성되어 있다.4)

2) 활 동

〈ASG 훈련 장면〉

ASG는 몸값을 요구하는 납치, 폭탄 테러, 암살, 강탈과 같은 활동을 한다. ASG는 종종 테러의 동기가 이슬람 교도들이 많이 살고 있는 남부 필리핀 지역의 서(西) 민다나오와 술루(Sulu) 군도에서 독립적인 이슬람 국가를 만드는 것이라고 주장하지만, 현재는 주로 재정적인 이득을 얻기 위해서 테러를 자행하는 것으로 알려져 있다. 이 조직의 최초의 대규모 활동은 1995년 4월 민다나오의 이필 타운에 대한 습격이었다. 2000년 4월 ASG의 한 분파는 말레이시아의 한 리조트에서 10명의 외국인 관광객을 포함한 21명을 납치했다. 같은 해에 ASG는 3명의 말레이시아인과 1명의 미국인을 포함한 약간 명의 외국 기자들을 납치했다. 2001년 5월 27일에는 필리핀의 팔라완(Palawan) 리조트에서 3명의 미국인과 17명의 필리핀인을 납치했다. 인질 중 미국인 1명을 포함해 수명이 살해되었다. 2002년에는 인질을 납치하고 필리핀 경찰과 대치하는 사건이 발생했다. 이 사건은 필리핀 경찰의 구출작전으로 막을 내렸지만, 미국인 인질 2명이 살해당했다.5)

---

4) Anthony Davis, "Resilient Abu Sayyaf Group Resists Military Pressure," *Jane's Intelligence Review*, Sept. 1, 2003.

5) "U.S.-Philippines Sign Military Logistics Support Pact," *Agence France Presse*,

3) 세 력

수백 명의 핵심 전사들이 있는 것으로 알려졌으나, 2000~2001년 사이에 최소한 1,000명 이상이 외국 인질들의 몸값을 받을 수 있을 것이라는 기대로 이 집단에 참가한 것으로 알려지고 있다.

4) 활동 지역 및 근거지

ASG는 필리핀 바실란(Basilan) 주에서 창설되었으며, 주로 그곳과 인근 술루 군도의 술루(Sulu) 주와 타위-타위(Tawi-Tawi) 주에서 활동하고 있다. ASG는 또한 잠보안가(Zamboanga) 반도에서도 활동하며, 일부 대원들은 마닐라와 필리핀의 다른 지역에까지 활동하기도 한다.[6] 2000년에는 말레이시아까지 활동 구역을 넓혀 말레이시아의 관광지에서 외국인들을 납치했다.

5) 외부 지원

주로 강도와 몸값 수수를 통해서 자주적인 재정을 유지하고 있으나 중동과 남아시아의 이슬람 극단주의자들로부터 지원을 받을 수도 있다. 리비아는 2000년 말레이시아에서 납치된 외국인 인질의 석방을 위해 수백만 달러를 공식적으로 지불했다.

Nov. 21, 2002.

6) CRS Report RL31263, Abu Sayyaf: Target of Philippine-U.S. Anti-Terrorism Cooperation, by Larry Niksch, updated April 8, 2003, p. 12.

3. Al-Aqsa Martyrs Brigade

1) 개 요

알 아크사 순교여단(Al-Aqsa Martyrs Brigade)은 아라파트(Yasser Arafat)가 이끌었던 파타(Fatah) 계열의 소규모 세포조직으로 규모는 잘 알려져 있지 않으며, 2001년에 설립된 것으로 추정되고 있다. 파타 계열은 이스라엘을 공격하기 위한 최근의 민중 봉기(intifadah)로 인해서 부각되었다. 이 여단의 목표는 서안지구(West Bank), 가자지구(Gaza Strip), 예루살렘에서 이스라엘군과 정착민들을 몰아내고 팔레스타인 국가를 건설하는 것이다.

2) 활 동

알 아크사 순교 여단은 이스라엘군과 민간인 그리고 이스라엘에 협력하는 배신자로 지목된 팔레스타인 사람들에 대한 저격과 자살 폭탄 공격 작전을 수행해 왔다. 적어도 5명의 미국인이 이러한 공격으로 사망했는데 이 중 4명은 미국과 이스라엘의 이중 국적을 소유하고 있었다. 2002년 1월, 이 집단 소속의 여성이 수행한 최초의 자살 테러로 세계를 놀라게 했다.[7]

---

7) Matthew Kalman, "Terrorist says orders come from Arafat; Al-Aqsa Martyrs Brigade leader says group is integral to Palestinian chief's Fatah," *USA Today*, March 14, 2002.; Dan Rothem, "In the Spotlight: al-Aqsa Martyrs Brigades," Center for Defense Information, June 10, 2002

3) 세 력

알려진 바 없다.

4) 활동 지역 및 근거지

주된 활동 지역은 서안지구이며, 이스라엘과 가자지구 내에서도 테러 공격을 자행하고 있는 것으로 알려지고 있다.

5) 외부 지원

알려진 바 없다.

4. Ansar al-Islam

○ 가명(假名)
 - Supporters of Islam

1) 개 요

안사르 알 이슬람은 이슬람 원리주의 테러조직으로 이라크 북부 쿠르드족 자치지역을 근거지로 삼고 있다. 이 조직은 쿠르드 지역에서 활동하던 이슬람 운동(Islamic Movement of Kurdistan)이라는 조직에서 분리된 이슬람 병사(Soldiers of Islam)라는 조직과 물라 크레카르(Mullah Krekar)가 이끌었던 조직이 합병되어 2001년 12월에 탄생되었다.[8]

2) 활 동

이 조직의 결성에는 알 카에다가 많은 역할을 했으며, 알 카에다가 이

8) http://www.tkb.org/Group.jsp?groupID=3501

조직에 재정적 지원은 물론 조직원들의 훈련을 제공한 것으로 알려지고 있다. 안사르 알 이슬람은 쿠르드 지역에 엄격한 이슬람 율법이 적용되는 국가를 건설하려는 목표를 가지고 있다. 2003년 2월에 이 조직의 요원들이 쿠르드 애국동맹의 설립자인 샤우카트 하지 무시르(Shawkat Hajji Mushir)를 암살했으며, 수 차례에 걸쳐 쿠르드족 지도자들을 암살하려는 시도를 했다. 현재는 미국과 동맹국의 군대를 이라크에서 몰아내는 것을 단기적인 목표로 내세우고 있으며, 승리 후 이라크 전역에 걸쳐 이슬람 국가를 건설한다는 장기적인 목표를 가지고 있다.

3) 세 력

구성원은 500여명 정도로 알려지고 있다.

4) 활동 영역 및 근거지

이라크 북부 쿠르드 자치지역이 주된 활동 근거지이다.

5) 외부 지원

알 카에다의 재정적 지원을 받는 것으로 추정하고 있다.

5. Armed Islamic Group(GIA)

1) 개 요

무장 이슬람단(GIA)은 극단적인 테러조직으로 비종교적인 세속 알제리 정권을 전복시키고 이슬람 국가를 건설하는 것을 목표로 하고 있다. GIA는 알제리 정부가 1991년 12월 실시한 최초 다당제 총선에서 최대 규모의 야당인 이슬람 구국전선(Islamic Salvation Front: FIS)의 승리를 무효라고 선언한 이후인 1992년부터 본격적으로 테러 행위를 개시했다.

2) 활 동

민간인과 정부 직원들에 대해 지속적인 테러를 자행했다. 1992년부터 1998년 사이에 GIA는 민간인을 대량으로 살육하는 시민 학살 테러작전을 실행에 옮기기도 했으며, 때로는 작전지역 내에 있는 모든 마을 전체를 파괴하기도 했다.[9] 1993년 알제리에 거주하는 모든 외국인들에 대한 테러 공격을 공언한 이후, GIA는 해외에서 거주하다 알제리로 귀화한 유럽 출신 민간인 100명 이상을 살해했다. GIA는 자동차 폭탄 공격을 포함한 폭탄 테러 및 암살을 주로 자행했으며, 민간인 납치는 물론이고 인질을 잔인하게 참수하는 행위를 자행해 왔다. 1998년에는 Salafi Group for Call and Combat(GSPC)라는 분파가 발생, GIA의 악명을 능가하여 현존하는 가장 과격한 무장단체로 평가받고 있다. GIA는 1994년 12월 알제리행 에어 프랑스 항공기를 납치했다. 2002년에 프랑스 법원은 1995년 프랑스에서 일련의 폭탄 테러를 감행한 두 명의 GIA 구성원들에게 종신형을 선고했다.

3) 세 력

정확한 인원은 알려지지 않았으나 대략 100여 명 정도로 추산된다.

4) 활동 영역 및 근거지

알제리

9) "New Bloodletting in Algeria," *Newsday*, January 5, 1998.

5) 외부 지원

알제리에서 추방된 일부 극성 분자들 중 일부는 서유럽에 살면서 재정적 및 병참적인 지원을 제공하고 있다. 그 밖에 알제리 정부는 이란과 수단이 알제리 극단주의자들을 지원하고 있다고 비난하고 있다.

6. Asbat al-Ansar

○ 가명(假名)
- Band of Partisans
- League of the Followers
- Partisans' League
- Usbat al-Ansar

1) 개 요

아스바트 알 안사르(Asbat al-Ansar)는 레바논이 활동 근거지이며, 주로 팔레스타인인들로 구성된 수니파 극단주의자 집단이며, 오사마 빈 라덴(Osama bin Laden)과 연계를 맺고 있다. 이 집단은 정치적 목적을 달성하기 위해 민간인에 대한 폭력을 정당화하는 이슬람의 극단적인 해석 논리를 따르고 있다. 이들이 달성하려는 목표 중에는 레바논 정부 전복과 레바논에서 반이슬람 영향력을 배격하는 것이 포함되어 있다.

2) 활 동

아스바트 알 안사르는 1990년대 초반 결성된 이후 레바논에서 수 차례의 테러 공격을 자행했다. 1990년대 중반에는 레바논의 종교 지도자들을 암살하고, 나이트클럽, 영화관, 술집 등 민간 다중 이용 시설에 대한 무차별적 폭탄 테러를 자행했다. 이 집단은 2000년에 레바논인들과 국제적인 목표물에 대해 두 차례의 국제 테러 공격을 자행함으로써 악명을 날렸다. 이 집단은 1999년 12월 말 북부 레바논에서의 분쟁에 관련되어 있으며, 2000년 1월 베이루트의 러시아 대사관에 대한 로켓 추진 총류탄 공격을 감행했다. 이 공격은 체첸 반군과의 연계하에 발생한 사건이었다.10) 2002년에는 미국 프랜차이즈 식당에 대한 공격과 선교사에 대한 암살 등을 포함하여 미국에 대한 공격을 집중적으로 자행했다.

3) 세 력

팔레스타인 난민촌이 있는 레바논에 300여 명 규모인 것으로 알려지고 있다.

4) 활동 영역 및 근거지

이 집단의 작전의 일차적인 기지는 남부 레바논의 사이돈(Sidon) 근처에 있는 안 알 힐와(Ayn al-Hilwah) 팔레스타인 난민촌이다.

5) 외부 지원

주로 해외 수니파 극단주의자들, 그리고 오사마 빈 라덴의 알 카에다를 통해 재정 지원을 받고 있는 것으로 알져져 있다.

7. Aum Shinrikyo

○ 가명(假名)

- Aum Supreme Truth(Aum)
- Aleph

10) "Hundreds Attend Funeral of Palestinian Attacker of Russian Embassy in Beirut," Associated Press, January 7, 2000.

1) 개 요

옴 진리교는 1987년 아사하라 쇼코(Asahara Shoko)에 의해 설립된 종교단체이며, 이 집단은 일본을 탈취 후 세계를 정복하는 것을 목표로 하고 있다. 이 집단은 1989년 일본법에 의해 신흥 종교단체로 승인을 받았고, 1990년에는 일본 의회 선거에 후보를 출마시켰다. 시간이 지남에 따라 이 집단은 세계의 종말이 당도했음을 강조했으며, 미국이 일본과 제3차 세계대전을 촉발시킴으로써 종말을 초래할 것이라고 주장했다. 일본 정부는 1995년 10월 이 집단을 종교단체로 인정한 것을 무효로 했으나, 1997년 정부 논의 과정에서 종교단체를 불법화하는 파괴활동방지법(Anti-Subversive Law)의 발동을 중단하기로 결정함으로써 종교단체 창설의 합법화가 그대로 유지되었다. 한편으로 1999년에 일본 정부는 이 집단이 장차 테러 공격을 할 가능성이 있다는 판단에 따라 경찰의 계속적인 감시를 인가했다. 2000년에는 옴 진리교의 대변인이자 러시아 지부의 지도자 역할을 수행했던 조유 후미히로(Joyu Fumihiro)의 지도권을 획득한 후 단체명을 알레프(Aleph)로 개명했으며, 폭력을 포기하며 창시자가 주창한 종말론을 더 이상 가르치지 않겠다고 주장했다.

2) 활 동

〈도쿄 지하철 테러사건〉

1995년 3월 20일 옴 진리교의 구성원들이 도쿄(東京)의 여러 지하철 역에 신경가스인 사린(Sarin)을 동시에 살포하여 12명을 사망케 했으며 6,000여 명에 이르는 부상자를 내게 했다.[11] 이 집단은 1994년 일본에서의 발생한 화학물질 사고에도 책임이 있는 것으로 알려지고 있다. 생물학 작용제를 이용한 공격도 꾸준히 시도해 왔지만 실패하기도 했다. 일본 경찰은 1995년 5월 아사하라를 체포했으며, 현재 그는 7건의 살인 혐의를 포함하여 13건의 범죄행위로 2001년 말에 기소되었다.

1997년 이후 이 종교집단은 새로운 조직원을 계속 충원하고, 영리 추구 기업 활동을 전개하여 자산 증식을 도모했지만, 2001년 여론의 반대로 인해 그 활동은 현저하게 줄어들었다. 이 종교집단은 인터넷 홈페이지를 가지고 있다.[12] 2001년 7월 러시아 당국은 일단의 러시아인 옴 추종자들을 체포했는데, 이들은 아사하라 교주를 탈옥시켜, 러시아로 잠입시키기 위한 작전의 일환으로 도쿄의 황궁 근처를 폭파할 계획을 가지고 있었다.

3) 세 력

현재 옴 진리교의 조직원은 1천 5백~2천 명에 이르는 것으로 추정된다. 도쿄 지하철 가스 테러가 발생했을 때 옴은 일본에 9천 명을 포함해 전 세계적으로 4만 명의 조직원이 있는 것으로 추정되었다.[13]

4) 활동 영역 및 근거지

옴 진리교의 주요 조직원은 일본에 있으나, 러시아에도 2~3만 명 정

11) 최근 자료에 의하면 실질적인 육체적 손상을 당한 사람은 1,300여명이며, 나머지는 여러 가지 형태의 정신적 충격으로 후유증을 앓고 있는 것으로 알려지고 있다; "Aum Released Anthrax Virus in Tokyo in 1993," *Japan Economic Newswire*, July 25, 1995; U.S. Department of State, *Patterns of Global Terrorism*, 2002, p. 104.

12) David E. Kaplan, "Aum Shinrikyo," *Toxic Terror: Assessing Terrorist Use of Chemical and Biological Weapons*, edited by Jonathan B. Tucker(Cambridge, Mass.: MIT Press, 2000), pp. 225-226.

13) Bruce Hoffman, *Inside Terrorism*(New York: Columbia University Press, 1998), p. 122.

도의 추종자들이 있는 것으로 알려졌다. 호주, 미국, 독일, 스리랑카, 우크라이나, 태국 등에도 지부를 가지고 있는 것으로 의심받고 있다.

5) 외부 지원

이 단체는 15억 달러 이상의 자산을 가지고 있으며, 연간 매출이 6천 300만 달러 정도인 컴퓨터 관련 업체도 운영하고 있어 필요한 자금을 자체적으로 마련하고 있다.[14]

8. Basque Fatherland and Liberty(ETA)

○ 가명(假名)
- Basque Homeland and Freedom
- Euzkadi Ta Askatasuna

1) 개 요

자유 바스크 조국해방(ETA)은 1959년 스페인 북부 지방(Vizcaya, Guipuzcoa, Alava, Navarra)과 남부 프랑스 일부 지방(Labourd, Basse-Navarra, Soule)에서 마르크스 노선을 기반으로 독립국을 건설하기 위해 창설되었다. 스페인 정부의 대대적인 대테러 활동에 의해 2002년에 123명의 요원들이 체포된 이래 조직이 급속히 와해되는 상황에 놓여 있다.

14) "Aum's True Colors," *Mainichi Daily News*, Oct. 2, 1999.

2) 활 동

ETA는 주로 스페인 정부관리, 군인과 경찰관들, 정치인들, 법조인 등에 대한 폭탄 테러와 암살 등에 관련되어 있다. ETA는 납치, 절도, 강탈 등을 통해서 활동자금을 마련하고 있다. 이 집단은 1960년 초 본격적인 테러 활동을 시작한 이래 800여 명 이상을 살해했으며 수백 명을 부상시켰다.[15] 1999년 11월 ETA는 '일방적이며 무제한적'인 정전을 파기하고 암살과 폭탄 테러를 재개하여 2001년 말까지 38명의 민간인을 살해했고 수십 명을 부상시켰다.

3) 세 력

구체적으로 명확하게 알려진 바는 없으나, 수백 명의 조직원과 지지자를 가지고 있는 것으로 알려졌다.

4) 활동 영역 및 근거지

주로 북부 스페인과 남서부 프랑스의 바스크 자치 지역에서 활동하고 있으며, 프랑스와 스페인의 이해 관계가 걸린 세계 곳곳에 테러를 자행하고 있다.

5) 외부 지원

ETA는 과거 수 차례에 걸쳐 리비아, 레바논, 그리고 니카라과에서 훈련을 받았다. 일부 ETA 요원들은 쿠바에 은신하고 있는가 하면, 다른 요원들은 기타 남미 국가에 은신처를 마련중인 것으로 알려져 있다. 활동 자금은 납치와 강도 등을 통해서 자체적으로 마련하고 있다.

---

15) U.S. Department of State, *Patterns of Global Terrorism*, 2002, p. 105.

9. Communist Party of Philippines/New People's Army(NPA)

1) 개 요

필리핀 공산당(CPP)의 군사조직인 NPA는 신장된 게릴라전을 통해 정부를 전복하는 목적을 가지고 1969년 3월 형성된 마오쩌둥주의(毛澤東主義) 집단이다. CPP이 중앙위원회 의장이며 NPA의 창립자인 호세 마리아 시손(Jose Maria Sison)은 망명지인 네덜란드에서 CPP와 NPA의 모든 활동을 지시하고 있다. NPA는 주로 농촌에 기반을 둔 게릴라 집단이지만 테러 행위를 자행하기 위해 도시에서 활동하는 기본 조직을 가지고 있으며, 도시에 근거지를 둔 참새부대(Sparrow Unit)라는 암살단을 활용하고 있다. NPA의 대부분의 자금은 필리핀, 유럽, 그리고 다른 지역에 있는 지지자들의 성금과 지방의 기업인들로부터 강제로 징수하는 이른바 '혁명 세금'으로 충당한다.16)

2) 활 동

NPA의 일차적인 테러 대상은 필리핀 보안군, 정치인, 판사, 정부 밀고자, NPA를 이탈하려는 구성원 등이다. 필리핀 내에 어떤 형태의 미군 주둔도 반대하며 1992년에 클라크 공군기지 및 수빅 만 해군 기지가 폐쇄되기까지 미군과 미군 시설에 대한 빈번한 공격을 자행했다. 2003년에는 필리핀 육군 부대에 대한 공격을 자행하여 17명을 살해했다. 2001

16) Honesto C. General, "Is CPP/NPA a terrorist organization?," *Philippine Daily Inquirer*, August 18, 2002.

년에는 평화회담이 진행되기도 했으나, 두 명의 국회의원에 대한 암살로 중단되었다. 2003년에 평화회담이 다시 개시되었으나, 실질적인 결과는 도출하지 못했다.17)

3) 세 력

규모는 10,000명이 넘는 것으로 추산되며, 1980년대 중반에는 25,000명 이상이었던 것으로 알려져 있다. 냉전의 종식에 이념적인 측면이 약화되고, 아키노(Corazon C. Aquino) 대통령 집권 후 강력한 군사작전으로 세력이 5,000여명으로 줄었다. 하지만 필리핀의 계속적인 경제 침체에 대한 불만 세력의 증가로 규모는 점진적으로 늘어났다.

4) 작전 지역 및 근거지

루손(Luzon), 비사야스(Visayas)의 농촌 지역, 민다나오(Mindanao)의 일부 지방에서 활동하고 있다. 마닐라와 다른 대도시 지역에도 세포조직을 가지고 있다.

5) 외부 지원

1969년부터 1976년까지는 중국의 지원을 받았으나, 이후에는 중국의 지원이 끊긴 상태이며, 구체적인 외부 지원은 알려진 바 없다.

10. Continuity Irish Republican Army(CIRA)

○ **가명(假名)**

– Continuity Army Council

17) Jim Gomez, "Philippine troops and communist rebels clash near Manila, 24 killed," *Associated Press*, March 30, 2003.

1) 개 요

CIRA는 아일랜드의 완전한 통일을 목표로 삼고 북아일랜드 주둔 영국군의 철수를 주창하고 있으며, IRA의 정치단체인 신페인(Sinn Fein: SF)당으로부터 1986년에 분리된 공화신페인당(Republican Sinn Fein: RSF)의 비밀 무장조직으로 1994년에 결성된 분리주의 테러단체이다. 단체명으로 'Continuity'라는 용어를 사용한 것은 영국을 북아일랜드에서 축출한다는 초창기 IRA의 목표를 계속 이어간다는 신념을 의미한다. 이에 따라 CIRA는 Real IRA와 협력적 관계를 유지하고 있는 것으로 알려져 있다.[18]

2) 활 동

CIRA는 폭파, 암살, 납치, 강탈, 그리고 절도 등을 자행해 온 북아일랜드의 접경 지역과 북아일랜드 최대 도시인 벨파스트(Belfast)가 주된 활동을 전개하고 있다. 테러의 대상으로는 영국군과 북아일랜드 보안 목표들과 북아일랜드 영국 추종 준군사 조직이다. CIRA는 정전 협정을 준수하고 있지 않으며 무기를 버리는 것은 '반역 행위'가 될 것이라고 말하고 있다. 2002년에도 계속해서 폭탄 테러 공격을 자행하고 있으며, 벨파스트 경찰학교 폭탄 테러 사건, 그리고 경찰위원회 위원 소유 농장에 대한 폭탄 테러 사건도 CIRA가 자행한 것이었다.

---

18) http://www.tkb.org/Group.jsp?groupID=37

3) 세 력

핵심적인 활동가들은 50명 미만이며, 경찰 대테러 작전에 의해 세력이 많이 약화되었지만, 적극적인 충원 노력에 따라 조직의 재건에 성공한 것으로 알려져 있다.

4) 작전 지역 및 근거지

북아일랜드, 아일랜드공화국이 주된 활동지이다.

5) 외부 지원

미국에 있는 동조자들이 자금과 무기를 제공하고 있는 것으로 추측되며, Real IRA와 협조해서 발칸 국가들로부터 무기와 물자들을 획득하고 있는 것으로 알려져 있다.

11. Al Gama'a al-Islamiyya(Islamic Group)

○ 가명(假名)

- Al-Gamat al-Islamiya
- Jamaat al-Islamiyya

1) 개 요

알 가마아 알 이슬라미아(IG)는 1970년대 말 이후 이집트에서 가장 큰 규모의 군사조직을 갖춘 이슬람 원리주의 극단주의 단체로 활동해왔다. 조직은 느슨하게 구성되어 있는 것으로 알려져 있다. IG는 전 세계의 몇몇 국가에 지지자를 포함한 외곽 조직을 보유하고 있다. 이 집단은 1999년 3월 테러 중단을 선언했으나, IG의 정신적 지도자인 알 라흐

만(Shaykh Umar Abd al-Rahman)이 1993년 미국 세계무역센터(WTC) 지하 주차장 폭탄 테러에 대한 혐의로 1996년 1월 종신형을 선고받고 미국에 투옥되자, 2000년 6월 테러 중단 선언을 철회했다. IG는 1998년 8월 이후 이집트 내에서는 테러를 자행하지 않았다.

IG의 고위직 요원은 미국에 대한 공격을 요구하는 오사마 빈 라덴의 파트와(Fatwa)[19]에 1998년 2월 서명했다. 비공식적으로 IG는 두 개의 파벌로 분리되어 있다. 한 파벌은 하즈마(Mustafa Hamza)가 이끌고 있는 것으로 테러 중단을 지지하며, 또 다른 파벌은 무사(Rifa'i Taha Musa)가 이끄는 것으로 무장 투쟁으로의 복귀를 주장하고 있다. 무사는 대량 사상자를 초래하는 테러리스트 공격을 정당화하는 내용의 책을 2001년에 발행하기도 했다. 그런 일이 있은 몇 개월 후에 그는 행방불명되었는데, 그의 행방에 관해 여러 가지 설이 있다. 이 집단의 일차적인 목표는 이집트 정부를 전복하고 이슬람 국가로 대체하는 것이지만, 미국과 이스라엘에 대한 공격을 선호하고 있는 것으로 알려져 있다.

2) 활 동

IG는 테러 중단 선언 이전에 이집트의 보안군과 정부 관리, 기독교 단체, 그리고 이슬람 극단주의를 반대하는 이집트인 등을 공격했다. 1993년부터 테러 중단 선언까지, 이 집단은 이집트에 온 관광객에 대한 테러를 자행했다. 대표적인 사건으로 1997년 11월 58명의 외국 관광객을 살해한 룩소르에서의 테러를 들 수 있다. 또한 이 집단은 1995년 6월 에티오피아의 아디스아바바에서 무바라크 이집트 대통령 암살 기도를 자신들의 소행이라고 주장하고 있다.[20] 이 집단은 미국 시민과 시설물들에

19) 파트와는 특정한 행동 실천을 요구하는 일종의 종교적 명령서이다.
20) "Ethiopia Announces Arrests in Mubarak Assassination Bid," *Agnence France Presse*, Aug. 2, 1995.

대한 공격은 한 번도 하지 않았으나 미국의 이익은 계속 위협해 왔다.

3) 세 력

IG의 세력은 알려지지 않고 있으나 조직의 활동이 최고조에 이르렀을 때는 수천 명의 핵심 요원이 있었고, 아울러 수천 명의 동조자가 있었으리라고 추정된다. 1999년 테러 중단 선언과 1997년 룩소르 관광객 테러 공격에 대한 이집트 정부의 대대적인 테러 소탕으로 요원들의 수는 줄어들었으며, 특히 2001년 9·11 테러 이후 보안의 강화로 요원들의 수는 훨씬 더 줄어들었다.[21]

4) 활동 영역 및 근거지

주로 남부 이집트에서 활동하고 있다. 또한 카이로, 알렉산드리아 그리고 기타 도시 지역에서 일부 학생들의 지지를 받고 있다. 영국, 예멘, 오스트리아 등에 지부가 있다.

5) 외부 지원

알려지지 않고 있으나, 이집트 정부는 이란, 라덴, 그리고 아프간의 군사집단 등이 이 조직을 도와 주고 있는 것으로 알려져 있다. 또한 다양한 이슬람 비정부단체로부터 재정적인 지원을 받고 있다.

12. HAMAS(Islamic Resistance Movement)

○ 가명(假名)

- Harakat al-Muqawammah al-Islammiyya
- Islamic Resistance Movement

---

21) U.S. Department of State, *Patterns of Global Terrorism*, 2002, p. 106.

1) 개 요

하마스는 무슬림 형제단(Muslim Brotherhood)이라는 단체의 팔레스타인 지부의 확대로 1987년 성립되었다. 하마스는 이스라엘 땅에서 팔레스타인 국가를 설립하는 것을 목표로 테러리즘을 포함한 정치적 및 폭력적 수단 모두를 사용하고 있다. 하마스는 느슨하게 조직되었으며, 일부 조직원들은 비밀스럽게 활동하나 다른 요원들은 사원이나 사회단체에서 공개적으로 인원을 모집하고 재정을 충당하며 선전 구호를 배포하고 있다. 하마스의 활동은 가자지구(Gaza Strip)와 서안지구(West Bank)의 일부 지역에 집중되어 있지만 병원, 고아원, 유치원 등을 운영하면서 팔레스타인 사람들의 대중적인 지지 기반을 확충해 왔다.[22] 하마스는 또한 정치적 활동에도 관여하고 있는데 그 예로 서안지구의 상공회의소 선거에 후보자를 출마시키기도 했으며, 2006년에는 팔레스타인 의회 선거에 참여하여 132석 중에 76석의 의석을 확보하여 정부를 구성하는 데 성공했다.[23]

2) 활 동

하마스는 이스라엘 시민과 군사 목표물에 대해서 대규모의 자살폭탄 테러를 포함해 많은 공격을 자행했다. 1990년 초 하마스 행동대는 팔레스타인 자치수반의 통제를 받고 있는 파타(Fatah) 조직의 지도자와 팔레스타인 협력자들에 대해 테러를 가했으며, 이는 지금까지 계속되고 있다. 2001년 인민 봉기 동안 증가된 작전 활동은 이스라엘의 이익에 반하

---

22) Khaled Abou Toameh, "Cradle to Grave," *The Jerusalem Post*, Sept. 4, 1997.
23) http://www.tkb.org/Group.jsp?groupID=49

는 수많은 공격을 했었다고 주장하고 있다. 이 집단은 미국을 목표로 삼지 않았으며, 이스라엘 내부와 점령지에 살고 있는 이스라엘인들에 대한 테러로 목표를 제한하고 있다.[24]

3) 세 력

핵심 요원들의 수는 알려지지 않았으며, 수만 명의 지지자와 동조자가 있는 것으로 알려져 있다.

4) 활동 영역 및 근거지

주로 서안지구, 가자지구, 그리고 이스라엘에서 활동하고 있다. 1999년 8월, 요르단 정부는 암만에 있는 이 단체의 정치국을 폐쇄하고 지도자를 체포했으며, 요르단 내에서 활동하는 것을 금지했다. 일부 지도자들은 시리아, 레바논, 그리고 이란을 포함한 중동 지역의 다른 국가에 은거하고 있다.

5) 외부 지원

팔레스타인 망명자, 이란, 사우디아라비아의 개인 기부, 그리고 다른 온건 아랍 국가들로부터 재정 지원을 받고 있다. 일부 자금 조달과 선전 활동은 서유럽과 북미에서도 하고 있다.[25]

---

24) U.S. Department of State, *Patterns of Global Terrorism*, 2002, p. 107.

25) CRS Report, RL31119, *Terrorism: Near Eastern Groups and State Sponsors*, 2002, by Kenneth Katzman, updated February 13, 2003; T. Christian Miller, "Near Iraq, Syria Reportedly Still Quietly Backs Militants," *Los Angeles Times,* August 12, 2003.

13. Harakat ul-Mujahidin(HUM)

○ 가명(假名)
- Harkat Mujahideen
- Harkat-ul-Ansar (HuA)
- Jamiat-ul-Ansar
- Islamic Freedom Fighters' Group
- Movement of Holy Warriors

1) 개 요

하라카트 울 무자헤딘(HUM)은 1985년에 설립된 파키스탄에 근거지를 둔 이슬람 무장단체로 주로 카슈미르 지역에서 활동하며, 과격 정치정당인 Jamiat-i Ulema-i Islam Fazlur Rehman Faction(JUI-F)과 정치적으로 연합되어 있다. 이 집단의 오랜 지도자인 파즐르 레만 칼릴(Fazlur Rehman Khalil)은 2000년 2월 중순 HUM의 수장(emir)을 사임했으며, 현재는 그의 2인자이며 인기 있는 카슈미르인 사령관인 파루크 카시미릴(Farooq Kashmiril)에게 지휘권을 넘겼다. 빈 라덴과 연계되어 있는 칼릴은 1998년 2월 미국과 서방에 대한 테러를 요구하는 라덴의 파타 문서에 서명했으며, HUM 사무총장을 맡고 있다. HUM은 2001년 가을 아프간에 대한 연합군의 공습으로 훈련 캠프를 파괴할 때까지 동부 아프간에 테러 훈련 캠프를 운영했다.[26]

2) 활 동

HUM은 카슈미르 지역에서 인도군과 민간인을 대상으로 수많은 테러

26) http://www.tkb.org/Group.jsp?groupID=50

공격을 자행했다. HUM은 1995년 7월 5명의 서방 관광객들을 납치한 카슈미르의 무장집단인 알 파란(al-Faran)과 연계되어 있다.[27] HUM은 1999년 12월 24일 인도 항공기 납치사건을 주도했으며, 이에 대한 대가로 1994년 인도 정부에 의해 투옥된 전 하라카트 울 안사르(Harakat ul-Ansar)의 지도자인 마수드 아자르(Masood Azhar)와 2001년 1월 미국 기자인 펄(Daniel Pearl)의 납치 및 살해 혐의로 체포된 아마드 오마르 셰이크(Ahmad Omar Sheikh)를 석방하는 결과를 가져왔다.

3) 세 력

HUM은 카슈미르, 파키스탄, 그리고 인도의 남부 카슈미르와 도다 지역에 수천 명의 무장 지지자를 가지고 있다. 지지자들의 대부분은 파키스탄인과 카슈미르 사람들이며, 아프간 전쟁에 참가했던 아프간인과 아랍 전사들도 포함된다. 이들은 경·중기관총, 저격용 장총, 박격포, 폭탄 및 로켓 등을 사용하고 있다.

4) 활동 영역 및 근거지

이들은 주로 파키스탄의 무자파라바드, 라알핀디, 그리고 다른 몇 개 도시에 기지를 두고 있으나 주로 카슈미르에서 무장 봉기와 테러 활동을 수행하고 있다. HUM은 전사들을 아프간과 파키스탄에서 훈련시키고 있다.

5) 외부 지원

사우디아라비아, 다른 걸프 지역과 이슬람 국가들, 파키스탄인과 카슈미르 사람들로부터 기부금을 모아 활동 자금으로 쓰고 있다. HUM의

27) 납치된 5명 중 1명은 1995년 8월 살해되었으며, 나머지 4명도 동년 12월 살해된 것으로 알려지고 있다.

자금 모금 방법에는 잡지 광고나 팸플릿 등을 통해 기부금을 호소하는 방법도 포함되어 있다. HUM의 군자금의 근원과 규모는 알려지고 있지 않다. 파키스탄 정부가 자산을 차압하는 것을 예상하여 HUM은 은행구좌로부터 자금을 인출해서 상품 무역, 부동산 거래, 그리고 소비자 상품의 생산 등과 같은 합법적인 사업에 투자하고 있다. 파키스탄에서의 자금 모금은 파키스탄 정부가 극단주의 집단에 대한 단속을 강화하고 테러집단 자산을 동결한 이후 제한을 받고 있다.[28)]

14. Hezballah(Party of God)

○ **가명(假名)**

- Islamic Jihad
- Revolutionary Justice Organization
- Organization of the Oppressed on Earth
- Islamic Jihad for the Liberation of Palestine
- Jihad for the Liberation of Palestine
- The Islamic Resistance

1) 개 요

헤즈볼라는 1982년 이스라엘의 레바논 침공에 대한 반발로 창설되었으며, 레바논에 근거지를 둔 이 과격 시아파 집단이다. 이란혁명과 호메이니(Ayatollah Khomeini)의 가르침을 통해 이념적인 영감을 받고 있다.[29)] 알 수라(Majlis al-Shura)와 자문위원회(Consultative Council)는

28) CRS Report RL31119, *Terrorism: Near Eastern Groups and State Sponsors*, 2002, by Kenneth Katzman, updated February 13, 2003, p. 18; 또한 *Patterns of Global Terrorism*, 2002, p. 109 참조.

29) http://www.tkb.org/Group.jsp?groupID=3101

이 집단의 최고 지휘기관이며 하사 나스랄라(Hassah Nasrallah)가 사무총장이며, 아브델 카림 알 나세르(Abdelkarim Hussein Mohamed Al-Nasser)가 현 지도자로 알려져 있다.[30] 이 집단은 공식적으로 레바논에서의 궁극적인 회교 통치와 예루살렘을 포함한 모든 아랍 점령 지역의 해방을 주장하며, 이스라엘의 제거를 목표로 삼고 있다.[31] 원래 헤즈볼라는 레바논의 기성 정치 체제 내에서 활동하지 않을 것이라고 천명해왔으나, 1992년 의회의원 선거에 참여하여 12석의 의석을 차지하기도 했다.

2) 활 동

헤즈볼라는 1980년대에 일련의 반미 테러사건에 깊숙이 연루되어 있는 것으로 알려지고 있다.[32] 대표적인 사건으로는 1983년 4월 베이루트 주재 미 대사관, 1983년 10월 베이루트 주둔 미해병대 숙소, 그리고 1984년 9월 베이루트 주재 미 대사관 별관에 대한 자살 트럭 폭탄 테러를 들 수 있다. 1985년 TWA 847호 항공기의 납치 및 이 과정에서 미 해군 다이버 1명을 살해한 혐의로 이 집단의 3명의 조직원(Imad Mughniyah, Hasan Izz-al-Din, and Ali Atwa)은 FBI의 22명의 테러리스트 긴급 수배자 명단에 포함되었다. 헤즈볼라의 일부 지역대는 레바논

---

30) http://www.tkb.org/KeyLeader.jsp?memID=5785

31) U.S. Department of State, *Patterns of Global Terrorism*, 2002, p. 108.

32) CIA report on Islamic Jihad. Central Intelligence Agency. Issue Date: Oct 4, 1984. Date Declassified: Mar 1, 1987. 6 page(s). Reproduced in *Declassified Documents Reference System*. Farmington Hills, Mich.: Gale Group, 2003; CRS Report RL31119, *Terrorism: Near East Groups and State Sponsors*, 2002, by Kenneth Katzman, updated February 13, 2002.

내에서 미국인과 서방인을 인질로 납치하고 감금한 혐의를 받고 있다. 이 집단은 1992년 아르헨티나의 이스라엘 대사관을 공격했고, 1994년 부에노스아이레스에 위치한 이스라엘 문화원에 대한 폭탄 테러 혐의도 받고 있다.

3) 세 력

수천 명의 지지자와 수백 명의 테러 전문가를 거느리고 있는 것으로 알려져 있다.

4) 활동 영역 및 근거지

베카 계곡, 베이루트의 남부 교외, 남부 레바논에서 주로 활동한다. 이 집단은 유럽, 아프리카, 남미, 북미, 아시아에도 세포조직을 구축하고 있다.

5) 외부 지원

재정, 훈련, 무기, 폭발물, 정치적, 외교적, 그리고 조직적인 원조의 상당부분을 이란으로부터 받고 있으며, 시리아로부터는 외교적, 정치적, 그리고 병참 지원을 받고 있는 것으로 알려지고 있다.[33] 아울러 알 카에다와 다양하게 연계되어 있는 것으로 미국 정부는 판단하고 있다.

15. Islamic Jihad Group

○ 가명(假名)

– Islamic Jihad Union

33) http://www.tkb.org/Group.jsp?groupID=3101

1) 개 요

IJG는 우즈베키스탄에서 발생한 일련의 폭탄 테러를 자행한 과격 테러 조직으로 2004년 4월에 조직되었으며, 우즈베키스탄 이슬람운동(Islamic Movement of Uzbekistan: IMU)에서 분리되었다. 이 조직은 2004년 4월에 47명의 희생자가 발생한 타슈켄트(Tashkent)와 부하라(Bukhara) 자살 폭탄 테러로 알려지게 되었다.

2) 활 동

IJG는 우즈베키스탄 정부를 붕괴시키고, 이슬람 국가를 건설한다는 목표를 내걸고 있으며, 우즈베키스탄에서 활동하고 있는 우즈베키스탄 이슬람운동(IMU), 그리고 알 카에다와 밀접한 연계를 가지고 있는 것으로 알려져 있다.

3) 세 력

구체적으로 알려진 바 없다.

4) 활동 영역 및 근거지

우즈베키스탄이 주된 활동 근거지이다.

16. Islamic Movement of Uzbekistan(IMU)

○ 가명(假名)
 − Islamic Party of Turkistan

1) 개 요

우즈베키스탄과 다른 중앙아시아의 이슬람 무장단체들의 연합인 우즈베키스탄 이슬람운동(IMU)은 1998년에 설립되었으며, 우즈베키스탄 카리모프(Islom Karimov) 대통령의 세속적인 정권을 반대하고 있다. 2001년 10월 아프간에서 대테러 보복 전쟁이 시작되기 전에 IMU의 일차적인 목표는 우즈베키스탄에 회교 국가를 건설하는 것이었다. 그러나 IMU의 정치적 및 이념적인 지도자인 욜다체프(Tohir Yoldashev)는 조직을 재정비하는 데 힘을 쏟고 있으며, 테러 대상을 이슬람과 싸우는 모든 세력으로 확대하고 있다.34)

2) 활 동

2001년 10월 이전에는 IMU의 주요 공격 대상이 우즈베키스탄의 이익과 관계된 것이었으며, 1999년 2월 타슈켄트에서 5차례의 자동차 폭탄테러도 이들의 소행으로 추정된다. 이 무장단체는 1999년과 2000년에 외국인을 인질로 납치했는데, 여기에는 2000년 8월에 등반 중인 4명의 미국인 납치, 1999년 8월 4명의 일본인 지질학자와 8명의 키르키스탄 군인의 납치 등이 포함된다. 2001년 10월 대테러 전쟁 이후 탈레반 및 알 카에다와 함께 싸우기 위해 아프간에 남아 있던 무장 세력의 상당수를 연합군이 체포, 사살, 해산시켰으며, 이에 따라 우즈베키스탄과 연합군의 이익에 피해를 끼치지 못할 정도로 IMU의 세력은 약화되었다.35)

3) 세 력

무장 세력은 2,000명 이하로 추정된다.

4) 활동 영역 및 근거지

무장 세력은 동남아시아와 타지키스탄 등에 흩어져 있다. 활동 영역

---

34) http://www.tkb.org/Group.jsp?groupID=4075
35) U.S. Department of State, *Patterns of Global Terrorism*, 2002, p. 109.

에는 아프간, 이란, 키르키스탄, 파키스탄, 타지키스탄, 그리고 우즈베키스탄이 포함된다.

5) 외부 지원

다른 이슬람 극단주의 집단들과 중동 및 중앙아시아의 후견국으로부터 지원을 받고 있다. IMU 지도부는 이란의 라디오 방송을 통해 성명을 발표하고 있다.

17. Jaish-e-Mohammed(JEM)(Army of Mohammed)

○ 가명(假名)

- Army of the Prophet
- Mohammed
- Jaish-e-Mohammad Mujahideen E-Tanzeem
- Jaish-i-Mohammed (Mohammad, Muhammad, Muhammed)
- Jeish-e-Mahammed, Mohammed's Army
- National Movement for the Restoration of Pakistani Sovereignty and Army of the Prophet
- Tehrik Ul-Furqaan

1) 개 요

모하메드군(JEM)은 파키스탄에 근거지를 둔 이슬람 극단주의 집단으로 하라카트 울 안사르(Haarkat-ul-Ansar: HuA)의 지도자였던 마수드 아자르(Masood Azhar)가 2000년 초 인도 감옥에서 석방된 후 조직되었다. 이 집단의 목표는 카슈미르 지역을 파키스탄에 합병시키는 것이다.[36] JEM은 과격 정당인 Jamiat-i Ulema-i Islam Fazlur Rehman faction(JUI-F)과 정치적으로 연합되어 있다. 미국은 JEM을 미국 재무부의 해외자산 통제국(OFAC : Office of Foreign Asset Control)의 명단에 추가하기로 2001년 10월에 밝혔으며, 12월에는 국무부가 해외 테러조직(FTO)으로 지정했다. 이 집단은 2002년 1월 파키스탄 정부에 의해 활동이 금지되었고 자산은 동결되었다.

2) 활 동

JEM의 지도자인 아자르(Masood Azhar)는 1999년 12월 155명이 탑승한 인도 항공기를 납치하여 인질을 석방하는 대가로 인도 교도소에서 석방되었다. 1994년 오마르 셰이크(Omar Sheikh)에 의한 뉴델리에서 발생한 미국인과 영국인 납치 사건, 1995년 7월 카슈미르에서 발생한 서방인 납치 사건은 모두 JEM과 연계되어 있던 하라카트 울 안사르(Harakat ul-Ansar: HuA)[37]에 의해 자행된 것으로, 그 목적은 아자르 석방을 위해서 저질러진 사건들이었다. 2001년 10월 1일 최소한 31명을 살해한 잠무 자살 테러와 스리나가르에 있는 카슈미르 국회 의사당 건물에 대한 공격을 JEM이 했다고 주장했다가, 나중에 부인하기도 했다. 인도 정부는 9명의 사망자와 18명의 부상자가 발생한 12월 13일 인도 의사당에 대한 테러 역시 JEM의 소행 가능성을 공개적으로 나타내기도 했다.

3) 세 력

파키스탄 아자드 카슈미르 지역, 인도의 남부 카슈미르, 도다 지역에

36) http://www.tkb.org/Group.jsp?groupID=58

37) Harakat ul-Ansar(HuA)는 Harakat ul-Mujahedin(HUM)과 같은 단체이다. 카슈미르 지역을 주된 활동 근거지로 하고 있는 이 단체는 이슬람 군사조직으로, 최초 소련의 아프간 침공에 대항하기 위해 설립되었다. 이후 이슬람의 목적을 위해 전 세계를 상대로 투쟁하고 있는 단체이다. 본부는 편잡 지방에 있다.

전 HUM 요원 출신의 JEM 요원들이 간부를 포함해서 수백 명이 활동하고 있다. 이들 대부분은 파키스탄인과 카슈미르 지역 출신들이며, 아프간 전쟁에 참가했던 아프간 출신인 그리고 아랍인들이다. 이들은 경·중기관총, 저격용 장총, 박격포, 개량된 폭탄, 그리고 로켓 수류탄을 사용하고 있다.

4) 활동 영역 및 근거지

페사와르(Peshawar)와 무자파라바드(Muzaffarabad)에 기지를 두고 있으나 테러 활동은 주로 카슈미르 지역에서 하고 있다. JEM은 2001년 가을까지 아프간에 훈련 캠프를 유지하고 있었다.

5) 외부 지원

JEM은 인적·물적 지원을 Harakat ul-Jihad al-Islami(HUJI)와 Harakat ul-Mujahedin(HUM)으로부터 받고 있으며, 아프간인, 아랍인 그리고 탈레반과 긴밀한 관계를 맺고 있다. 라덴은 이 집단에 자금을 지원하고 있는 것으로 추정된다.[38] JEM은 또한 잡지와 팸플릿을 통해 자금 기부를 종용하고 있다. JEM은 파키스탄 정부의 자산 동결 조치를 예상하고 은행 구좌를 해약하고 합법적인 사업에 자금을 투자하고 있다. 대표적인 예로 공산품 거래, 부동산 거래, 소비자 상품 거래 등을 수행한다.

18. Jemaah Islamiya Organization(JI)

○ 가명(假名)

– Islamic Community

38) U.S. Department of State, *Patterns of Global Terrorism*, 2002, p. 110.

– Islamic Group

1) 개 요

〈발리 폭탄 테러〉

제마 이슬라미아(JI)의 기원은 네덜란드의 지배하에 있던 인도네시아의 독립 활동을 전개했던 1940년대로 거슬러 올라간다. 네덜란드로부터 독립한 후에는 새로이 구성된 수카르노(Achmed Sukarno) 정부가 세속적이라는 이유로 반정부 운동을 전개했다. 제마 이슬라미아(JI)라는 명칭이 등장한 것은 1970년대 수카르노 집권 시대이며, 이 명칭이 조직화된 그룹 명칭으로 사용되었는지, 아니면 반정부 운동을 전개하는 사람들을 통칭한 것이었는지는 불분명하다. 이 조직의 설립자는 성직자 출신인 바시르(Abu Bakar Baasyir)와 숭카르(Abdullah Sungkar)는 자바에 기숙학교를 설립했는데, 과격 조직원들이 이 학교 출신인 것으로 알려져 있다.[39] 1985년에 설립자들은 말레이시아로 피신하여 인도네시아 사람들과 말레이시아 사람들을 아프간에 파견하여 대소 항전에 참전하도록 했으며, 1990년대에는 알 카에다 훈련 캠프에서 이들을 훈련하기 위해 파견했다. 이 같은 인연으로 JI는 알 카에다의 네트워크 속으로 들어간 것으로 알려지고 있다. 이들의 목표는 인도네시아, 말레이시아, 싱가포르, 필리핀 남부 민다나오, 브루나이, 태국 남부를 합해 '독립 이슬람 국가(Independent Islamic State)'를 수립하는 것을 목표로 하고 있다. JI는 동남아 전역을 대상으로 테러를 자행하는 단체이다. 실제로 싱가포르 국가보안부(ISA)는 2002년 1월 5일(토), 아프간 알 카에다 테러리스트

39) CRS Report RL31772, *Terrorism in Southeast Asia*, Mark Manyin, by Richard Cronin, Larry Niksch, and Bruce Vaughn, updated November 18, 2003, p. 5.

캠프에서 훈련받은 이들 중 15명을 긴급 체포했다. 이들의 집과 사무실을 급습, 수색하여 폭탄 제조법을 상세히 기록한 문서, 폭파 목표물에 대한 사진, 감시망, 위조 여권 등을 압수했다. 말레이시아에서는 말레이시아 공대 교수들을 포함한 150여명이 활동중인 것으로 드러난 바 있다. JI는 아시아 지역에서 2000년대에 들어서면서 가장 빈번한 테러 행위를 자행하고 있는 단체이다.[40]

2) 활 동

전 세계에 걸쳐 이슬람 단체들과 지속적인 연대를 추진해 왔고, 실제로 이슬람 원리주의자들과는 초(超)국가적, 초지리적 연대를 하고 있는 것으로 나타났다. 알 카에다와는 9·11 미 테러 사건 이전부터 연대를 해 왔다. 미국의 대테러 전쟁 개시 후 알 카에다 핵심 요원들이 아프간과 파키스탄에서 도피하여 동남아시아로 재집결하고 있는 것은 잘 알려진 사실이다. 이 사실은 쿠웨이트 사람으로 인도네시아에서 체포된 알 파루크에 의해 밝혀졌다. 알 파루크는 동남아의 여러 지역의 테러단체들을 연결시키는 활동을 해 왔다. 알 파루크는 필리핀에 들어가 모로 이슬람 해방전선(MILF)과 연결시켰으며 인도네시아의 아부 바카 바시르라는 단체와 밀착하여 활동하며, 인도네시아, 필리핀, 말레이시아, 싱가포르, 태국과 미얀마의 과격단체와 연대시키는 활동을 해 왔었다. 알 파루크에 의해 알 카에다 테러단체가 아프간에서 동남아로 이동하고 있음이 밝혀졌다. JI는 2002년 10월 12일, 200여명의 사망자와 300여명의 부상자가 발생한 발리 나이트클럽 폭탄 테러를 자행했다.[41] 발리 테러 사

40) http://www.tkb.org/Group.jsp?groupID=3613

41) 인도네시아 정부는 발리 테러 1주일 후 JI의 지도자인 바시르를 체포하여 정부 전복 기도 혐의로 1심에서 4년형을 선고했으며, 2심에서 3년의 징역형을 선고하여 교도소에 수감했다. 그리고 2003년에는 아시아의 오사마 빈 라덴으로 알려지고 있는 JI의 작전 총책임자인 리두안 빈 이사무딘(Riduan bin Isamuddin; Hambali로도 알려져 있음)을 발

건은 JI 요원들이 2002년 초 태국에 모여 싱가포르와 관광지 등 연성 목표(soft target)에 대한 테러 자행 공모를 결행한 후 발생했다. 2001년 12월에는 C-4 폭탄을 이용하여 싱가포르, 자카르타, 콸라룸푸르의 미국 대사관 공격을 획책하기도 했지만, 이 공격 계획은 인도네시아 정보부에 핵심 요원들이 체포되어 무위에 그쳤다.

3) 세 력

정확한 숫자는 알려져 있지 않은 가운데 싱가포르 정부는 대략 5,000 여명으로 추정하고 있다.[42] 실제 행동 요원은 수백 명에 이를 것으로 추정된다.

4) 작전 지역 및 근거지

JI는 싱가포르와 말레이시아에 세포조직을 가지고 있으며, 인도네시아와 필리핀에도 활동 근거지를 마련하고 있다.

5) 외부 지원

자체 자금 조달을 하고 있으며, 동남아시아 지역의 여러 기관과 단체로부터 재정적 지원을 받고 있는 것으로 알려져 있다. 알 카에다와 밀접한 연계를 가지고 있어서 라덴의 재정적 지원을 받고 있는 것으로 알려져 있다.[43]

리 테러 혐의로 체포했다.

42) U.S. Department of State, *Patterns of Global Terrorism*, 2002, p. 110.

43) "Terrorism: Questions and Answers: Jemaah Islamiyah," The Council on Foreign Relations and the Markle Foundation, http://www.terrorismanswers.org/ groups/ jemaah.html

19. Al-Jihad(Egyptian Islamic Jihad)

○ 가명(假名)
- Egyptian Islamic Jihad
- Jihad Group
- Islamic Jihad
- Vanguards of Conquest.

1) 개 요

알 지하드는 1970년 말에 결성된 이집트 이슬람 극단주의 단체로 이집트의 세속 정권과 서구 영향력에 반대하고 코란의 가르침에 충실해야 한다는 하산 알 바나(Hasan al Banna)에 의해 1928년에 설립된 무슬림 형제단(Muslim Brotherhood)이라는 조직에서 분파된 조직이다. 이 조직의 일차적인 목표는 이집트 정부를 전복하고 이슬람 정부를 세우는 것이며, 이집트와 해외에서 미국과 이스라엘의 이익을 공격하는 네 두고 있다. 알 지하드는 1980년대 초에 무바라크 대통령의 강경 대응이 이어지면서 두 개의 분파로 분리되었는데, 그 중 한 조직은 알 카에다의 2인자로 알려지고 있는 알 자와히리(Ayman al-Zawahiri)가 이끄는 알 카에다의 유대인과 십자군을 반대하는 국제전선(International Front for Jihad against Jews and Crusaders)으로 1987년에 아프간으로 기지를 옮겼으며, 알 카에다의 요청으로 미국에 대한 직접적인 공격에 가담하기 시작했다.[44] 알 지하드는 2001년 6월 알 카에다와 합병되었으나 독자적

44) "Egypt's Brutal Response to Militants: Tactics Used to Counter Opponents at Home Contrast with Appeals for U.S. Restraint," *The Washington Post*, October 7, 2001, p.A25; Anthony Keats, "In the Spotlight: Al-Jihad." [http://www.cdi.org/terrorism/aljihad.cfm]

인 작전을 수행할 수 있는 능력을 가진 것으로 알려져 있다. 9·11 테러 공격 이후 현저하게 쇠퇴하여 이집트 내에서는 명맥만 유지하고 있다.

2) 활 동

이집트 내각의 장관을 포함해 이집트 고급 공무원에 대한 무장 테러와 미국과 이집트의 공공 시설물에 대한 자동차 폭탄 테러를 전문으로 하고 있다. 이 단체는 1981년 이집트 사다트(Anwar Sadat) 대통령 암살사건에 책임이 있으며, 1993년 8월 내무장관 알 알피(Hassan al-Alfi)의 암살 기도와 1993년 11월 세드키(Atef Sedki) 수상의 암살 기도를 자신들의 소행이라고 주장했다.[45] 1993년 이후 이집트 내에서는 테러 공격을 자행하지 않았으며 외국 관광객을 대상으로 한 테러도 자행하지 않았다. 1995년 이슬라마바드 주재 이집트 대사관 폭탄 테러와 1998년 알바니아 주재 미국 대사관에 대한 테러 미수 사건도 이들의 소행으로 추정된다.

3) 세 력

정확한 숫자는 알려지지 않고 있으나 수백 명의 핵심 요원들이 있는 것으로 알려져 있다.

4) 활동 영역 및 근거지

역사적으로 보면 카이로 지역에서 주로 활동했다. 그러나 연계 세력은 대부분은 예멘, 아프간, 파키스탄, 레바논, 영국을 포함해서 이집트 외부에 있으며, 지난 수년 동안 활동이 이집트 외부에서 일어났다.

---

45) "Arrests in Connection with Assassination of Speaker of Parliament," *The Independent-London*, Oct. 29, 1990; "Terrorism Database," *Periscope*, USNI Database, www.periscope1.com.

5) 외부 지원

자세한 사항은 알려지지 않고 있으나, 이집트 정부는 이란과 수단이 알지하드를 지원하고 있다고 주장한다.46) 알 카에다와 합병으로 인해 라덴의 지원을 받아 왔던 것으로 알려져 있다. 또한 다양한 이슬람 비정부기관과 상업 활동 및 범죄 활동 등을 통해서 약간의 자금을 획득하고 있다.

20. Kahane Chai(Kach)

1) 개 요

카하네 차이(Kach)의 명시된 목표는 성서에서 언급한 가자지구(Gaza Strip), 서안지구(West Bank), 그리고 요르단 일부를 포함한 이스라엘 영토를 회복하는 것이다.47) 급진적인 이스라엘계 미국인인 랍비 카하네(Meir Kahane)가 창설한 Kach와 Kach의 분파인 카하네 차이(Kahane Chai)48)는 1948년 공포된 이스라엘 테러법에 따라 1994년 3월 이스라엘 내각이 테러리스트 단체로 선언했다. 이러한 이스라엘 정부의 발표가 있자

46) Anthony Keats, "In the Spotlight: Al-Jihad." Center for Defense Information. [http://www.cdi.org/terrorism]

47) CRS Report RL31119, *Terrorism: Near Eastern Groups and State Sponsors, 2002*, by Kenneth Katzman, updated February 13, 2003, p. 21.

48) 카하네 차이는 'Kahane의 삶'을 의미하며, 메이어 카하네(Meir Kahane)가 미국에서 암살되자 그의 아들인 빈야민(Binyamin)에 의해서 창설되었다.

Kach는 1994년 2월 친분이 있는 골드슈타인(Baruch Goldstein) 박사의 알 이브라힘 모스크(al-Ibrahimi Mosque)에 대한 공격을 지지하는 성명을 내는 한편, 이스라엘 정부를 비난했다. 2000년 12월 빈야민 카하네(Binyamin Kahane)와 그의 아내는 차량 이동 중에 서안지구에서 팔레스타인 저격수에 의해 암살당했다.[49]

2) 활 동

이스라엘 정부에 대해 반대하는 운동을 조직했으며, 헤브론과 서안지구 지방에 살고 있는 팔레스타인 사람들을 공격하기도 했다. 아울러 아랍인, 팔레스타인인, 이스라엘 공무원을 공격하겠다고 위협하고 있으며, 빈야민 카하네와 그의 아내의 죽음에 대해 보복을 공언하고 있다.

3) 세 력

자세히 알려진 바는 없으나 100여명 내외인 것으로 추정된다.[50]

4) 활동 영역 및 근거지

이스라엘과 점령지 서안지구, 특히 헤브론의 아이야르 아르바(Airyar Arba) 지역을 활동 무대로 하고 있다.

5) 외부 지원

미국과 유럽 내에 있는 동조자들로부터 지원을 받고 있으며, 점령지 정착자 및 이스라엘 내의 동조자들에게서도 지원을 받고 있다.

---

49) http://www.tkb.org/Group.jsp?groupID=3750
50) Periscope, USNI Database. "Terrorism Database." [http://www.periscope1.com].

21. Kurdistan Worker's Party(PKK)

○ 가명(假名)

- Kurdistan Freedom and Democracy Congress
- Freedom and Democracy Congress of Kurdistan
- KGK
- KADEK
- Kongra-Gel

1) 개 요

터키의 쿠르드인으로 구성된 마르크스-레닌주의 좌익단체로 1974년에 설립되었다. 이 집단의 목표는 쿠르드인이 대다수를 차지하고 터키 남동부 지역에 쿠르드 독립국가를 건설하는 것이다.[51] 1990년대 초반에 PKK는 농촌에 기반을 둔 봉기 활동을 넘어서서 도시 테러 활동으로 확대했다. 1999년 초 터키 당국은 케냐에서 PKK 의장인 오칼란(Abdullah Ocalan)을 체포했다. 터키 국가안보법원(State Security Court)은 그에게 사형을 언도했다.[52] 1999년 8월 오칼란은 '평화 구상(peace initiative)'을 발표하여 대원들에게 폭력을 삼갈 것을 명령하고, 터키 정부와 쿠르드 문제를 대화로 해결하라고 촉구했다. 2000년 1월 PKK 의회는 오칼란의 구상을 지지하고, 터키 내 쿠르드의 권리를 증진한다는 PKK의 새로운 목표를

51) CRS Report RL31119, *Terrorism: Near Eastern Groups and State Sponsors,* 2002, by Kenneth Katzman, updated February 13, 2003, p. 27.

52) *Ibid.*

달성하기 위해 정치적 수단만을 사용할 것이라고 주장했다. 2002년 4월에 이 단체는 이름을 Kurdistan Freedom and Democracy Congress (KADEK)로 바꾸었으며, 비폭력 활동을 통해 쿠르드족 권리를 추구할 것을 천명했다. 그러나 무장조직인 People's Defense Force의 무장 해제는 거부하고 있다.

2) 활 동

터키 내의 터키 정부 보안군이 일차적인 공격 대상이었다. 1993년도에는 10여 개의 서유럽 도시에 주재한 터키 외교 및 상업 시설물들을 공격했으며, 1995년 봄에 공격을 재개했다. 터키의 관광산업에 타격을 주기 위해서 PKK는 1990년대 초반부터 중반에 이르기까지 관광지와 호텔, 그리고 외국 관광객을 납치했다.

3) 세 력

약 4,000~5,000명으로 이들 대부분은 현재 북부 이라크에 근거지를 두고 있다. 터키와 유럽에 수천 명의 동조자들이 있다.[53]

4) 활동 영역 및 근거지

터키, 유럽, 중동 지역에서 활동하고 있다.

5) 외부 지원

시리아, 이라크, 이란으로부터 도피처와 적절한 수준의 원조를 받고 있다.[54] 시리아 정부는 2000년 9월 터키 정부와 맺은 반테러협약을 일반적으로 지지하면서 PKK를 지원하지 않는다고 선언했다.

---

53) U.S. Department of State, *Patterns of Global Terrorism,* 2002, p. 112.

54) USNI Database. "Terrorism Database."[http://www.periscope1.com]

22. Lashkar-e-Tayyiba(LT)

○ 가명(假名)

- Army of the Righteous / Pure
- Jamaat al-Dawat

1) 개 요

LT는 파키스탄에 기반을 둔 종교단체인 Markaz -ud-Dawa-wal-Irshad(MDI)의 무장 조직이다. MDI는 수니파 반미 선전 조직으로 1989년 결성되었다. LT는 압둘 와히드 카슈미리(Abdul Wahid Kashmiri)가 이끌고 있으며, 인도와 대항해서 싸우는 카슈미르 지역의 가장 규모가 크고 잘 훈련된 3대 조직 중의 하나이다.[55] 미국은 2001년 10월에 LT를 미 재무부의 OFAC[56] 명단에 추가했다. 파키스탄 정부도 2002년 1월 LT의 활동을 금지하고 LT의 자산을 동결했다.[57]

2) 활 동

LT는 1993년 이후 카슈미르 지역에서 인도군과 민간인을 상대로 수많은 테러를 자행했다. LT는 2001년에 이루어진 많은 테러를 자신들의 소행이라고 주장했는데, 여기에는 1월 스리나가르 공항 폭탄 테러(민간인 5

---

55) U.S. Department of State, *Patterns of Global Terrorism*, 2002, p. 113.

56) OFAC의 명단은 테러집단을 지원하면서 미국 내에 동결 또는 통제할 수 있는 자산을 가진 조직들을 포함한다.

57) CRS Report RL21658, *International Terrorism in South Asia*, by K. Allen Kronstadt,, updated November 3, 2003.

명, 군인 6명 사망), 스리나가르 경찰서 폭탄 테러(최소한 8명의 경관이 사망, 수 명이 부상), 4월 인도 국경 경비군에 대한 테러(최소한 4명 사망) 등이 포함된다. 인도 정부는 JEM과 함께 LT를 12월 13일 인도 국회의사당에 대한 테러 공격을 했다고 공식적으로 발표했다. 알 카에다 간부인 주베이다(Abu Zubaydah)가 2002년 LT의 은신처에서 체포됨으로써 알 카에다와의 연계가 입증되었다.

3) 세 력

아자드 카슈미르(Azad Kashmir), 파키스탄, 그리고 인도의 남부 카슈미르와 도다 지역에 수백 명의 대원들을 보유하고 있다. LT의 간부들 거의 대부분은 국경을 넘어온 파키스탄인과 아프간 전쟁에 참가했던 아프간 전사들이다. 이들은 저격용 장총과 경·중기관총, 박격포, 폭탄, 그리고 로켓 수류탄을 사용한다.

4) 활동 영역 및 근거지

이들은 무리드케(Muridke; Lahore 근처)와 마자파라바드(Muzaffarabad)에 근거지를 두고 있다. LT는 파키스탄이 행정권을 가지고 있는 카슈미르 전역에 걸쳐 이동 훈련 캠프에서 무장요원들을 훈련시키고 있으며, 2001년 가을 이전까지는 아프간에서도 훈련을 시켰다.[58]

5) 외부 지원

페르시아 만 지역과 영국의 파키스탄 공동체, 이슬람 비정부 단체들, 파키스탄과 카슈미르 기업인들로부터 기부금을 모금하고 있다.[59] LT는

58) U.S. Department of State, *Patterns of Global Terrorism,* 2002, p. 113.
59) "Terrorism: Questions and Answers: Basque Fatherland and Liberty (ETA)," The Council on Foreign Relations, [http://www.terrorismanswers.org/groups/harakat.html]

또한 인터넷 웹사이트를 운영하고 있으며, 이를 통해서 자금을 모금하고 조직원들에게 정보를 제공하고 있다.[60] LT는 MDI의 네트워크를 통해 필리핀에서부터 중동과 체첸에 이르는 전 세계에 걸쳐 종교 및 군사적인 집단과 연계를 유지하고 있다. 파키스탄 정부의 자산 몰수를 예견하여 LT는 은행 구좌를 해약하고 예금을 인출하여 합법적인 사업에 자금을 투자하고 있다. 대표적인 예로 공산품 거래, 부동산 거래, 그리고 생필품 거래 등을 통해 활동 자금을 조달하고 있다.

23. Lashkar-i-Jhangvi(LJ)

○ **가명(假名)**

– Army of Jhangvi

1) 개 요

LJ는 파키스탄 수니파 분리주의 단체인 시팔 사하바 파키스탄(Sipahl-Sahaba Pakistan: SSP)에서 분리된 무장단체로 1996년에 결성되었다. 이 조직의 주된 공격 대상은 시아파이며, 이슬람 규칙에 의해 지배되는 수니파 국가를 건설하는 것을 목표로 내세우고 있다. 2001년 8월에 파키스탄 대통령에 의해 조직 활동이 금지되었으며, 아프간 탈레반 잔당, 그리고 알 카에다와 연계되어 있다.

2) 활 동

LJ의 주된 공격 유형은 무장 공격과 폭탄 공격이다. 전직 수상과 전직 장관 등 고위 인사에 대한 암살 시도뿐만 아니라 외국인 기자 암살 등도

60) LT의 이 집단의 모조직이라 할 수 있는 Jamaat ud-Daawa의 이름으로 웹 사이트가 운영되고 있다.

자행했다. 아울러, 기독교인들과 기독교 시설에 대한 테러 공격도 자행해 왔다.[61]

3) 세 력

구체적으로 알려진 바는 없지만 미국 국무부는 100명 이하로 추정하고 있다.[62]

4) 활동 영역 및 근거지

펀잡(Punjab) 지역과 카라치가 주된 활동 근거지이다.

5) 외부 지원

알려진 바 없다.

24. Liberation Tigers of Tamil Eelam(LTTE)

○ **가명(假名)**

- World Tamil Association(WTA)
- World Tamil Movement(WTM)
- The Federation of Associations of Canadian Tamils(FACT)
- The Ellalan Force
- The Sangilian Force

1) 개 요

1976년에 설립된 LTTE는 스리랑카에서 가장 강력한 타밀 집단이며,

61) Stephen Collinson, "US designates Pakistani-based Sunni extremists as terror group." *Agence France Presse*. January 30, 2002.
62) U.S. Department of State, *Patterns of Global Terrorism*, 2002, p. 114.

불법적으로 자금을 모금하고, 무기를 획득하고 있다. LTTE는 독립적인 타밀 국가를 건설한다는 명분을 대외적으로 홍보하면서 공개적 방법과 동시에 불법적인 방법도 사용하고 있다. LTTE는 1983년부터 스리랑카 정부군과 무장 투쟁을 시작했으며, 테러 전술의 사용을 포함한 게릴라 전술에 의존하고 있다. 현재 LTTE는 스리랑카 정부와 휴전협정을 맺고 평화적인 대화를 진행중이다.

2) 활 동

LTTE는 지방의 주요 인사뿐만 아니라 수도 콜롬보와 다른 주요 도시의 정치 및 군사 지도자를 공격 대상으로 하는 테러 전술과 전장에서의 봉기전략을 동시에 구사하고 있다. LTTE 중에서 일명 '블랙 타이거(black tiger)'로 불리는 자살 폭탄조는 악명이 높다.[63] LTTE는 정치적인 암살과 폭탄 테러는 일상적인 전술이며, 외국의 외교관 및 상업 시설물들은 테러 대상에서 제외하는 전략을 구사하고 있다.

3) 세 력

정확한 인원은 알려지지 않고 있으나, LTTE는 스리랑카에 8,000~10,000명에 이르는 무장 전투요원을 보유하고 있는 것으로 평가되며, 이들 중 핵심 전사는 3,000~6,000명 정도이다.[64] LTTE는 또한 자금 모금, 무기 조달, 선전 활동을 위해 상당한 정도의 해외 지원조직을 가지

63) CRS Report RL31707, *Sri Lanka: Background and U.S. Relations*, by Bruce Vaughn, November 5, 2003, p. 4.

64) U.S. Department of State, *Patterns of Global Terrorism*, 2002, p. 115.

고 있다.

4) 활동 영역 및 근거지

스리랑카의 북부 및 동부 해안 지방 대부분을 통제권에 두고 있지만 스리랑카 섬 전역에 걸쳐 활동하고 있다. LTTE의 지도자 프라바카란(Velupillai Prabhakaran)은 북부 스리랑카에 LTTE 본부를 두고 있으며, LTTE가 통제하고 있는 지역으로 진입하는 외부인들은 상세히 추적할 수 있는 광범위한 검문소 및 정보망을 구축하고 있다.[65]

5) 외부 지원

LTTE는 조직 운영을 위한 자금은 북미, 유럽, 아시아 지역의 타밀족 공동체로부터의 기여금, 그리고 무기의 조달, 통신, 기타 필요한 장비와 물자를 확보하기 위해 자체 밀무역을 통해 조달하고 있다.

25. Libyan Islamic Fighting Group(LIFG)

○ 가명(假名)
- Fighting Islamic Group
- Libyan Fighting Group
- Libyan Islamic Group

1) 개 요

LIFG는 리비아의 카다피(Muammar Qadhafi) 정권을 전복시키고 정통 이슬람 정권을 수립하는 것을 목표로 하고 있다. 1995년에 설립된 것

65) CRS Report RL 31707, *Sri Lanka: Background and U.S. Relations*, by K. Alan Kronstadt, updated May 30, 2003, p. 4.

으로 알려진 이 조직은 소련의 아프간 침공시 참전했던 전사들 중 리비아 출신들이 중심이 되었으며, 카다피 정권을 비이슬람 정권으로 규정하고 카다피 암살을 수 차례에 걸쳐 시도했지만 모두 실패했다. 1990년대 후반 이후 공격 빈도는 점진적으로 낮아졌지만 주된 공격 목표는 리비아 보안군이다.[66]

2) 활 동

카다피 정권의 전복 이외에 LIFG는 그들의 활동 반경을 국제적으로 넓혀 가고 있다. 주로 이슬람 지하드 운동 세력을 지원하고 있으며, 알카에다와도 긴밀한 연계를 가지고 있다. LIFG의 지도자들 일부는 알 카에다의 지도부로도 활동하고 있는 것으로 알려져 있다.

3) 세 력

조직원의 규모는 대략 300여 명으로 알려지고 있다.

4) 활동 영역 및 근거지

리비아

5) 외부 지원

전 세계의 이슬람 비정부 기구(NGO)에서 재정 지원을 받고 있으며, 범죄 행위를 통한 운영 자금 조달도 하고 있는 것으로 알려져 있다.

66) http://www.tkb.org/Group.jsp?groupID=4400

26. Moroccan Islamic Combatant Group(GICM)

1) 개 요

GICM은 모로코에 이슬람 정권을 수립하는 것을 목표로 삼고 있는 테러조직이다. 아울러 알 카에다와 밀접한 연계를 가지면서 미국과 미국의 동맹국에 대한 알 카에다의 테러 정당성을 주창하고 있다. GIGM의 설립 연도는 정확하게 알려진 바가 없고, 1990년대에 조직된 것으로 추정된다. 조직원 일부는 아프간의 알 카에다 테러 캠프에서 훈련을 받았다.[67]

2) 활 동

GICM은 알 카에다와의 연계로 인해 각각의 작전에 테러 요원들을 상호 파견하는 등 지원 네트워크를 구축하고 있으며, 서유럽 및 미주 지역의 과격 이슬람 조직들과 연계를 가지면서 활동 영역을 꾸준히 확대하고 있는 것으로 알려지고 있다.

3) 세 력

구체적으로 알려진 바 없다.

4) 활동 영역 및 근거지

모로코, 아프간, 벨기에, 덴마크, 이집트, 프랑스, 스페인, 터키, 영국 등 광범위한 활동 영역을 가지고 있는 것으로 알려져 있다.

---

67) http://www.tkb.org/Group.jsp?groupID=4341

5) 외부 지원

알 카에다의 재정 지원을 받고 있는 것으로 추정되며, 무기 밀거래, 문서 위조, 마약 거래 등을 통해 운영 자금을 마련하고 있는 것으로 알려져 있다.

27. Mujahedin-e Khalq Organization(MEK or MKO)

○ **가명(假名)**

- The National Liberation Army of Iran(NLA)[68]
- The People's Mujahidin of Iran(PMOI)
- National Council of Resistance(NCR)
- Muslim Iranian Student's Society[69]

1) 개 요

마르크스주의와 이슬람주의에 바탕을 두고 있는 MEK는 1960년대에 대학교육을 받은 반정부 성향의 사람들이 중심이 되어 창설되었으며, 이란의 팔레비 왕정(Shah)의 친미 및 친(親)서방 정책에 반대했다. 그리고 1979년 이란 혁명 이후에는 호메이니(Ayatollah Khomeini)가 이끄는 이슬람 정권에 반대하여 많은 MEK의 지도자들이 처형되었다. MEK는 반서방 테러 공격과 함께 이란과 중동의 기타 국가들의 성직자 정권의 이익에 대해 테러 공격을 주로 자행해 왔다.[70]

---

68) MEK의 군사조직으로 알려져 있다.
69) 재정적인 지원을 획득하기 위해 이용되는 전위 조직이다.

2) 활 동

이란 왕정의 부정부패에 대한 반정부 캠페인은 물론 폭력적인 테러도 자행했다. 1970년대에 MEK는 테헤란에서 방위산업 분야에 종사하는 민간인들과 군인들을 주로 살해했으며, 최장기 인질 사건으로 기록된 1979년 테헤란 미국 대사관 점거 사건을 후방에서 지원했다. 1981년에 MEK는 이슬람 공화당 본부와 수상관저에 폭탄을 설치해 약 70여 명의 이란 고위 공직자를 살해했다. 사망한 고위 공직자 중에는 베레스티(Ayatollah Mohammad Beheshti) 법무장관, 라자에이(Mohammad-Ali Rajaei) 대통령, 바호나르(Mohammad-Javad Bahonar) 수상이 포함되어 있었다. 이란 정부의 강경정책의 영향으로 MEK는 1981년부터 1986년까지 지도급들이 대거 프랑스에 망명했고, 이후에는 이라크의 보호를 받았다. 이러한 연고로 인해 사담 후세인(Saddam Hussein)은 MEK의 무장을 지원했고, 1991년 이란과의 전쟁 당시에 MEK를 활용하기도 했다. 1991년에 MEK는 이라크 남부와 북부 지역에서 시아파와 쿠르드인의 봉기를 억압하는 과정에서 이라크 정부를 지원했다. 그 이후로 MEK는 이라크 정부를 위한 보안군의 역할도 수행했다. 1992년 4월 MEK는 13개 국가에 있는 이란 공관에 대한 테러 공격을 자행하여 해외에서 대규모의 작전을 수행할 수 있는 조직임을 입증하기도 했다. 1999년 4월에는 이라크군 총참모부의 참모차장을 암살했다. 2000년대에 들어서면서도 MEK는 이란의 군대와 법원, 그리고 정부 건물들에 대해 지속적으로 박격포 공격 등을 하고 있다. 이란과 이라크 간 전쟁이 종결된 이후에도 MEK의 테러 활동은 이란에게는 커다란 안보 위협 요소로 작용하고 있다.[71] 2000년 2월에 이란의 최고 지도자와 대통령의 집무실

---

70) 286 CRS Report RL31119, *Terrorism: Near Eastern Groups and State Sponsors, 2002*, Kenneth Katzman, updated February 13, 2003, p. 28.

71) CRS Report RL32048, *Iran: U.S. Policy Concerns and Responses*, by Kenneth

이 있는 테헤란 중심부를 공격한 사건은 대표적인 사례이다.

3) 세 력

이라크 전역에 흩어진 기지들에 수천 명의 전사들이 있으며, 탱크, 보병 전투 차량, 대포 등으로 무장하고 있다. MEK는 또한 해외 지원구조를 가지고 있다. 전사들의 대부분은 MEK의 민족해방군(NLA : National Liberation Army)에 소속되어 있다.

4) 활동 영역 및 근거지

MEK의 주된 활동 근거지는 이란과 이란 국경 지역이다. 하지만 이란에 대한 테러는 이란으로 국한되는 것이 아니고 유럽 등에도 활동 근거지를 가지고 있는 것으로 알려졌다.

5) 외부 지원

이라크로부터의 지원 외에 MEK는 추방된 이란인들의 공동체들로부터 기부금을 강요하기 위해 전위조직을 이용하고 있다.

28. National Liberation Army(ELN)

1) 개 요

ELN은 마르크스주의 추종 반정부 집단으로 카스트로(Fidel Castro)와 체 게바라(Ernesto Che Guevara)에게 영향을 받은 도시 지식인들에 의해서 1965년에 만들어졌다. 이 조직은 콜롬비아 정부를 무너뜨리고 사회주의 자본경제로의 전환을 목표로 내세우고 있다. 아울러 사유재산

Katzman, updated October 24, 2003.

제도를 반대함과 동시에 미국의 영향력을 배제하는 노력도 하고 있다.[72] ELN은 1999년 그들의 힘과 건재함을 과시하고 파스트라나(Pastrana) 행정부에 협상을 강요하기 위해 대규모의 납치 사건을 자행하기도 했다. 콜롬비아의 정부와 ELN 간의 평화회담은 1999년에 시작되었고, 2001년 8월 보고타 정부가 결렬을 선언하기까지 산발적으로 평화회담은 계속되었으나, 결과 도출은 이루어 내지 못하고 있다.

2) 활 동

납치, 항공기 납치, 폭발, 강탈, 게릴라전을 수행하며, 일정 수준의 재래식 전쟁을 수행할 능력을 가지고 있다. 매년 몸값을 받기 위해 수백 명을 납치하는데, 종종 대규모 회사 특히 석유 회사에 근무하는 외국 고용자들을 대상으로 하기도 한다.[73] 아울러, 송유관과 송전탑 등에 대한 시설 테러로 에너지 수급 체계를 혼란에 빠뜨리기도 한다.[74]

3) 세 력

약 3,000~5,000명의 무장 전투요원이 있으며, 다수의 적극적인 지지자들이 있다.[75]

4) 활동 영역 및 근거지

대부분 콜롬비아 북부, 동북부, 남서부 지역의 농촌 및 산악 지역과

72) "Terrorism: Questions and Answers: FARC, ELN, AUC," The Council on Foreign Relations and the Markle Foundation, [http://www.terrorismanswers.org/groups/farc.html]

73) 2001년 한 해 동안 무려 800여건의 납치 사건을 자행했다. 납치 사건의 목적은 주로 운영자금의 조달을 위한 것이 대부분이었다; Shawn Choey, "In the Spotlight: The National Liberation Army," Center for Defense Information, updated June 23, 2003, available at [http://www.cdi.org]

74) *Ibid.*

75) U.S. Department of State, *Patterns of Global Terrorism*, 2002, p. 116.

베네수엘라 국경 부근이다.

5) 외부 지원

쿠바가 일정 수준의 의료 지원과 정치적 조언을 제공한 것으로 알려지고 있지만, ELN은 조직 운영에 필요한 자금을 자체 조달하고 있다. 인질 납치를 통한 석방금, 그리고 최근에는 마약 거래도 하고 있는 것으로 알려졌다.[76]

29. Palestine Liberation Front(PLF)

1) 개 요

1959년에 아흐메드 지브릴(Ahmed Jibril)에 의해 설립되었으며, 분파와 합병이 빈번했던 조직이다. PLF는 1968년에 지브릴이 설립한 Popular Front for the Liberation of Palestine-General Command (PFLP-GC)에 흡수되어 역사 속으로 사라졌다. 그러나 1977년 아부 아바스(Abu Abbas; Muhammad Zaidan)가 PFLP-GC에서 이탈하여 PLF를 다시 결성하고, 주된 목표를 이스라엘의 파괴로 삼았다. 1983년에는 친(親)PLO, 친시리아파로 분리되었으며, 1984년에는 친시리아파에서 탈퇴한 조직원들이 친리비아파를 결성했다. 이들 모든 분파들은 PLF의 이름으로 활동을 전개했으며, 이

76) "Terrorism: Questions and Answers: FARC, ELN, AUC," The Council on Foreign Relations and the Markle Foundation, [http://www.terrorismanswers.org/groups/farc.html]

중에 가장 널리 알려진 분파는 아부 아바스가 이끄는 친PLO파였다.[77] 조직의 리더였던 아부 아바스는 1993년 오슬로 평화협정 체결 이후 1996년 가자지구로 돌아가 활동했으며, 2000년 이란으로 옮겨 활동했으나, 2003년 4월 이라크전이 진행되면서 미군에 의해 체포되었고, 2004년 4월에 구금중 자연사했다.[78]

2) 활 동

PLF는 폭탄 공격, 인질 납치 등의 수법을 통해 이스라엘을 주로 공격했으며, 때로는 행글라이더 등을 이용한 테러를 자행해 온 조직이다. PLF가 자행한 테러 중에 가장 악명을 떨친 것은 이탈리아 호화 유람선 아킬레 라우로(Archille Lauro) 호 해상 납치 사건이었다.[79] 이 사건으로 휠체어에 의지하고 있던 장애인을 살해한 반인도적인 행위를 자행한 PLF에 대한 국제적인 비난이 가중되었고, 그들의 근거지였던 튀니지에서 추방되어 이라크로 활동 근거지를 변경했다. 이라크전이 시작되면서 PLF의 조직은 와해 상태에 직면한 것으로 알려지고 있다.

---

77) http://www.tkb.org/Group.jsp?groupID=157

78) *Ibid.*

79) 1985년 10월 7일에 4명의 PLF 테러범들이 180명의 승객과 331명의 승무원이 승선하고 있는 유람선을 납치했다. 납치범들은 범행 과정에서 휠체어에 의지하고 있는 미국 국적의 유대인 클링호퍼(Leon Klinghoffer)를 살해하여 바다에 던져 버렸다. 이틀간 계속되는 협상 과정에서 그들의 목적 달성이 불가능하다고 판단한 테러리스트들은 이집트로 무사히 빠져 나갈 수 있도록 협조한다는 조건으로 이태리 당국에 투항했다. 레이건 미 대통령은 이집트 정부에 납치범들의 인도를 요청했고, 이집트는 이를 거부했다. 10월 10일 이집트 항공기를 이용해 PLO 본부가 있는 튀니지로 테러리스트들이 빠져 나간다는 계획을 사전에 알아낸 미국은 전투기를 동원해 이태리 NATO군 비행장에 강제 착륙시켰다. 미국은 테러리스트들의 재판을 위해 이태리 정부에 인도를 요청했으나, 이태리 정부는 인도를 거절했으며 아킬레 라우로 호 납치사건을 주도한 아부 아바스를 석방했다. 아바스는 결국 로마를 거쳐 유고슬로비아로 탈출에 성공했고, 나머지 3명의 테러리스트들은 재판을 받고 4~6년의 징역을 선고받았다. 아바스는 제노아 법원에서 궐석재판으로 종신형을 선고받았다.

3) 세 력

구체적으로 PLF 전체에 대한 세력 규모는 알려진 바가 없으나, 아부 아바스파의 규모는 3백에서 5백여 명으로 추정된다.

4) 활동 영역 및 근거지

아킬레 라우로 여객선 사건 때까지 친PLO파는 튀니지에 근거를 두고 있었으며, 1990년 이후에는 이라크에 근거를 두고 있었으나, 2003년 이라크 전 개전 이후에는 남부 레바논과 서안지구로 옮긴 것으로 알려져 있다.

5) 외부 지원

주로 후세인 정부 붕괴 이전까지 이라크로부터 지원을 받았으며, 리비아로부터도 지원을 받았던 것으로 알려져 있다.

30. Palestinian Islamic Jihad(PIJ)

○ 가명(假名)

– Harakat al-Jihad al-Islami Fi Filastin

1) 개 요

PIJ는 이집트의 무슬림 형제단(Muslim Brotherhood)에서 기원한 것으로 알려져 있으며, 1979년 이집트에서 활동하고 있던 파디 사카키(Fathi Shaqaqi)를 포함한 팔레스타인 활동가들이 중심이 되어 설립되었다. PIJ의 설립 배경은 무슬림 형제단이 팔레스타인 문제에 소극적이라는 비판에서 비롯되었다. PIJ는 팔레스타인 민족주의, 수니 이슬람 원리주의, 그리고 시아 이슬람 혁명 사상을 통합하여 그들이 추구하는 이념을 공표하고, 그들의 이념은 이스라엘이 사라지고 팔레스타인이 해방될 때 달성될 것이라고 주장했다. PIJ는 성전을 통해 이스라엘을 붕괴시키고 이슬람 팔레스타인 국가를 건설하는 것을 목표로 한다.[80] 또한 서양의 세속주의에 물들었다고 믿어지는 온건 아랍정부를 반대하고 있다. 조직의 리더였던 파티 사카키가 살해되면서 라마단 샬라(Ramadan Shallah)가 승계했지만 카리스마의 부족으로 활동이 점진적으로 위축되고 있는 것으로 알려졌다.

2) 활 동

PIJ는 이스라엘과의 평화협상에 대해 전면적으로 반대하며, 이스라엘과의 전면전을 굽히지 않는 조직으로 이스라엘 시민과 군을 대상으로 대규모의 자살 폭탄 테러를 포함한 많은 테러를 자행했다. 2001년 민중봉기(Intifada) 기간 중에 PIJ는 활동을 강화하여 대(對)이스라엘 테러 활동을 감행했다. PIJ는 미국과 미국인에 대한 직접적인 테러 공격은 지양하고 있다. 이스라엘과 그 영토 내에 있는 이스라엘인들에 대한 공격으로 계속 한정하고 있다. 2000년 제2차 민중항쟁이 시작된 이후 수 차례의 테러를 통해 100명 이상을 살해했으며, 2003년에 아바스 자치정부 수반의 요청에 의해 휴전에 동참했지만, 일 주일 후 이스라엘이 휴전 협정을 준수하지 않는다고 비난하고 이스라엘 내에서 자살 테러를 감행하는 등 대이스라엘 강경 노선을 굽히지 않고 있다. 지금까지 140여 건의 테러를 자행했다.[81]

---

80) Michael Donovan, "In the Spotlight: Palestinian Islamic Jihad," Center for Defense Information, [http://www.cdi.org/terrorism/pij.cfm]

3) 세 력

1천 명 이하 정도로만 알려져 있다.

4) 활동 영역 및 근거지

주로 이스라엘, 서안 및 가자지구, 그리고 레바논, 시리아를 포함한 중동의 다른 지역에서 활동한다. 1994년 이후 시리아에 지도부가 위치하고 있는 것으로 알려져 있다.

5) 외부 지원

이란으로부터 재정적 원조를 받고 있으며, 시리아로부터는 제한된 군수품을 지원받고 있다.

31. Popular Front for the Liberation of Palestine(PFLP)

1) 개 요

마르크스-레닌주의를 신봉하는 PFLP는 1967년 6월 전쟁에서 팔레스타인이 이스라엘에 대패한 직후 외과 의사인 하바시(George Habash)가 군소단체인 아랍민족주의 운동의 돌아온 영웅(Heroes of Return), 팔레스타인 해방 국민전선(National Front for the Liberation of Palestine), 그리고 독립 팔레스타인 해방전선(Independent Palestine Liberation Front)을 통합하여 조직되었다.[82] 1968년에 PLO에 합류하여 아라파트

81) http://www.tkb.org/Group.jsp?groupID=82; Liza Porteus, "Profile: Palestinian Islamic Jihad," *Fox News*, February 20, 2003; "Cease-fire give hope for Mideast peace plan," *Chicago Tribune*, June 30, 2003.

82) 최진태, 테러, 「테러리스트 & 테러리즘」(서울: 대영문화사, 1997), p. 138.

(Yasser Arafat)가 이끄는 알 파타(Al Fatah)에 이어 최대 조직으로 부상했으며, 팔레스타인 조직 중에서 최초로 테러리즘을 그들의 전술로 채택한 조직이다.[83] 특히 1960년 말부터 연쇄적인 항공기 납치를 통해 팔레스타인 문제에 대한 국제 사회의 관심을 끄는 데 성공했다. 1976년 PLO가 테러리즘 전술의 사용을 중단한다고 선언했지만 PFLP는 이에 순응하지 않고 2006년까지 테러를 자행해 왔다. PFLP는 평화적 협상에 의한 팔레스타인 문제 해결은 있을 수 없음을 선언하고 총체적 팔레스타인 해방은 오로지 이스라엘의 파멸을 통해서만 이룰 수 있다고 주장해 왔다. 이러한 목표 달성을 위해서는 무자비한 테러리즘이 가장 효과적이며, 극도의 공포 조성을 위해 비전투원인 민간인들도 공격목표로 삼았다. PFLP의 최종 목표는 팔레스타인 지역에서 이스라엘인들을 완전히 몰아내고 팔레스타인 국가를 만드는 것이다.

2) 활 동

PFLP는 창설 이후 지금까지 수많은 국제 테러를 자행해 왔다. 1970년대에 자행된 대표적인 테러는 도슨 필드 테러 사건, 로드 공항 테러 사건 등이 있다.[84] 2000년에 조지 하바시에 이어 무스타파(Abu Ali Mustafa)가 조직의 리더로 등장했으며, 2001년 이스라엘군에 의해 무스타파가 표적 살해되었다.[85] 이에 PFLP는 지도자의 살해에 대한 보복

83) "Popular Front for the Liberation of Palestine", International Policy Institute for Counter Terrorism, [http://www.ict.org.il]

84) 도슨 필드 사건, 로드 공항 사건 등에 대한 자세한 내용은 부록 주요 테러 사건 일지를 참고.

85) "Abu Ali Mustafa, Pragmatist Killed by Israel after Leading PFLP," *Agence*

테러를 지속적으로 자행했으며, 대표적인 사건은 이스라엘 관광장관, 지브(Rehavam Zeevi) 살해 사건이었다. 무스타파 살해 후 조직의 리더로 등장한 사다트(Ahmed Saadat)는 팔레스타인 당국에 의해 지브 살해 혐의로 체포되어 투옥되었으며, 사다트가 투옥중인 교도소에 대한 이스라엘의 공격에 대한 보복으로 2006년 3월 14일에는 두바이 주재 KBS 용태영 특파원을 비롯해 프랑스인 2명, 스위스인 국제적십자사 관계자 1명, 호주인 2명, 미국인 1명 등 최소 7명의 외국인을 가자지구와 서안지구에서 잇따라 납치하기도 했다. 지금까지 120여 차례의 테러를 자행한 것으로 집계되고 있다.[86]

3) 세 력

PFLP는 결성 초창기에는 상당히 많은 대원들을 보유하고 있었으나, 이데올로기의 비유연성에 따른 내부 갈등으로 조직이 와해되어, 현재는 약 800~1,000여 명의 대원들을 보유하고 있는 것으로 알려져 있다.[87]

4) 활동 영역 및 근거지

시리아, 레바논, 이스라엘, 서안 및 가자지구

5) 외부 지원

시리아로부터 은신처와 부분적인 군수 지원을 받아 왔으며, 이란으로부터 재정적인 지원을 받아 온 것으로 알려지고 있다.[88]

France Presse, August 21, 2001.
86) http://www.tkb.org/Group.jsp?groupID=85
87) U.S. Department of State, *Patterns of Global Terrorism*, 2002, pp. 117-118.
88) *Ibid.*

32. Popular Front for the Liberation of Palestine—General Command(PFLP-GC)

1) 개 요

PFLP-GC는 PFLP에 가담하여 대이스라엘 투쟁을 전개했으며, PLF의 창설자이기도 한 아흐메드 지브릴(Ahmad Jibril)이 조지 하바시의 지도력에 반감을 가지고 1968년 탈퇴하여 결성한 과격 조직이다. 이스라엘을 파괴하고 팔레스타인 국가 건설을 최종 목표로 삼고 있는 PFLP-GC는 이스라엘 본토에 대한 테러리스트 공격을 효과적으로 수행하기 위해 재래식 군사 능력을 갖추고 있다. PFLP-GC는 육상, 해상은 물론 항공 침투 능력을 갖춘 준(準)군사 조직으로, 구(舊)소련제 SA-7 지대공 미사일, RPG-7 대전차포(對戰車砲), 중화포(重火砲), 경항공기 등 최첨단 무기를 보유하고 있다. 특히 PFLP-GC는 테러리즘 자행을 위한 우편 폭탄, 플라스틱 폭탄을 다량으로 보유하고 있고, 대형 폭탄을 탑재하여 공공건물을 공격할 수 있는 무인(無人) 동력 행 글라이더 등을 보유하고 있어 이스라엘 보안 당국을 항상 긴장하게 만들었다.[89]

2) 활 동

1970~1980년대에 유럽과 중동에서 수십 차례의 테러 공격을 자행했다. 기구와 행글라이더와 같은 특수 장치들을 이용해서 이스라엘 국경을 넘어 테러 공격을 자행한 것으로 알려지고 있다. 현재는 남부 레바논

89) http://www.tkb.org/Group.jsp?groupID=148

에서의 게릴라 활동, 이스라엘, 서안・가자지구에서의 소규모 공격에 중점을 두고 있다.

3) 세 력

구체적인 세력 규모는 알려져 있지 않지만 대략 500~1,000여 명 수준인 것으로 추정된다.[90]

4) 활동 영역 및 근거지

다마스쿠스에 본부를 두고 레바논, 팔레스타인, 이스라엘 등에서 활동하고 있다.

5) 외부 지원

설립자인 지브릴은 군사전략 및 전술에 뛰어난 시리아 육군 장교 출신으로 시리아 군부와 긴밀한 협조 관계를 유지하면서 시리아로부터 많은 지원을 받아온 것으로 알려져 있다. 시리아는 PFLP-GC에게 기지 제공 및 대원들에 대한 훈련 등을 지원하는 대가로 PFLP-GC 요원들을 대리전에 투입하기도 했다.[91] 이란으로부터는 재정적인 지원을 받아 온 것으로 알려지고 있다.

90) U.S. Department of State, *Patterns of Global Terrorism*, 2002, p. 118.
91) CRS Report RL31119, *Terrorism: Near Eastern Groups and State Sponsors*, 2002, by Kenneth Katzman, updated February 13, 2003.

33. Al-Qaeda

○ **가명(假名)**

- The Base, Qa'idat al-Jihad
- Maktab al-Khidamat
- Front for Jihad Against Jews and Crusaders
- International Islamic
- Al-Jabhah al-Islamiyyah al-'Alamiyyah li-Qital al-Yahud wal-Salibiyyin
- Group for the Preservation of Holy Sites
- Islamic Army of the Liberation of Holy Places
- Islamic Army for the Liberation of Holy Shrines

1) 개 요

1980년대에 아프간에서 소련에 대항해 투쟁하는 아랍인을 단합시키기 위해 빈 라덴에 의해 창설되었다. 알 카에다는 아프간의 저항운동을 위해 재정적인 지원, 충원, 수송, 그리고 수니파 극단주의자들을 훈련시키는 것을 도왔다. 이 단체의 목표는 '비(非)이슬람'으로 비춰지는 정권들을 전복시키고, 이슬람 국가들로부터 서방 세력들과 비회교도의 축출을 위해 동맹을 맺은 이슬람 극단주의자 집단들과 함께 일함으로써 전 세계에 걸쳐 범이슬람 칼리프 국가를 건설하는 데 두고 있다. 1998년 2월 '유대인과 십자군 전사들에 대항하는 성전을 위한 세계 이슬람 전선(The World Islamic Front for Jihad against the Jews and Crusaders)'의 기치하에 성명을 발표하면서, 민간인이든 군인이든 미국인을 죽이고 미국의 동맹들을 파괴하는 것이 모든 무슬림들의 의무라고 말하고 있다.[92] 알 카에다는 2001년 6월 이집트의 이슬라믹 지하드(Islamic Jihad: Al-Jihad)를 흡수 통합시켰다.

2) 활 동

2001년 9월 11일 19명의 알 카에다 자살 공격조는 4대의 미국 여객기를 납치해서 2대는 뉴욕의 세계무역센터에, 1대는 워싱턴의 국방부 건물에, 나머지 1대는 펜실베이니아 교외의 솅크빌(Shankville)에 추락시켜 2천 7백 49명의 민간인이 사망했다. 이들은 또한 2000년 10월 12일 예멘의 아덴 항에 정박중인 미국 전함 콜(Cole) 호를 공격하여 17명의 미 해군이 사망하고, 39명에게 부상을 입혔다. 알 카에다는 또한 1998년 8월 케냐의 나이로비에 위치한 미국 대사관과 탄자니아 미국 대사관에 폭탄 테러를 감행하여 301명의 민간인이 사망하고 5,000여 명이 부상당했다. 아울러 알 카에다는 1993년 소말리아에서 미군 헬기를 격추시켜 미군을 사망시켰으며, 1992년 12월 예멘의 아덴에 있는 미군에 대해 세 차례의 폭탄 테러를 감행했다고 주장했다. 알 카에다는 이 밖에도 1994년 말 교황 요한 바오로 2세의 마닐라 방문시 암살 시도, 1995년 초 클린턴 대통령의 필리핀 방문시 암살 시도, 1995년 수십 대의 태평양 횡단 미국 항공기에 대한 공중 폭격 시도, 1999년 LA국제공항 폭탄테러 시도 등을 계획했던 것으로 드러났다. 알 카에다는 또한 1999년 말 새 천년을 기념하여 요르단을 방문하는 이스라엘과 미국인 관광객에 대한 테러를 공모했다. 2001년 12월, 알 카에다와 관련이 있는 것으로 추측되는 라이드(Richard Colvin Reid)가 파리와 마이애미를 운행하는 여객기에 신발

92) Periscope, USNI Database. "Terrorism Database." www.periscope1.com; and U.S. Department of State, *Patterns of Global Terrorism*, 2002, pp. 118-119.

폭탄을 이용해 폭파하려고 시도했다.

3) 세 력

알 카에다는 수천 명의 조직원과 협력자들을 보유하고 있다. 또한 알 카에다는 많은 수니파 이슬람 극단주의자 집단들을 포함하는 세계적인 네트워크를 위한 구심점 또는 우산과 같은 역할을 하고 있다.[93]

4) 활동 영역 및 근거지

알 카에다는 전 세계에 걸쳐 세포 조직을 가지고 있으며 수니파 극단주의자들의 네트워크와 연계를 통해 조직을 강화되고 있다. 2001년 10월 연합군의 아프간 공격으로 탈레반이 붕괴되기 전까지 아프간에 근거지를 두고 있었다. 미국의 대테러 보복 전쟁 개시 후 다수의 알 카에다의 요원들은 체포, 사살되었다. 그리고 아프간을 탈출한 요원들은 소규모 그룹으로 동남아시아, 중동 지역으로 분산되어 있는 것으로 알려져 있으며, 추가적인 테러를 준비중인 것으로 알려지고 있다.

5) 외부 지원

빈 라덴 그룹의 소유주인 억만 장자 오사마 빈 라덴이 자체적으로 자금을 충당하고 있다. 알 카에다는 또한 환금성 있는 사업체를 유지하고, 동조 지지자들로부터 기부금을 모으고, 무슬림 자선 조직의 기부금을 그들의 활동 자금으로 유용하고 있다.

---

93) International Institute for Strategic Studies, *Strategic Survey 2002-2003*(Oxford University Press, May 2003), p. 9; "Terrorism Database," Periscope, USNI Database, [http://www.periscope1.com]; Audrey Kurth Cronin, *Al-Qaeda After the Iraq Conflict*, CRS Report RL21529, updated May 23, 2003.

34. Real IRA

○ 가명(假名)
- True IRA

1) 개 요

1998년 아일랜드공화군(IRA)의 평화협상 정책 노선에 반대하여 IRA로부터 이탈한 맥케빗(Michael McKevitt)이 중심이 되어 결성된 비밀무장조직이다. 이 조직의 목표는 북아일랜드에서 영국군을 몰아내고 아일랜드의 완전한 통일을 달성하는 것이다. Real IRA는 1997년 9월 IRA의 정치 결사체인 신페인(Sinn Fein)이 민주주의와 비폭력 원칙을 밝힌 미셸(Mitchell) 선언의 채택을 선언하자, 영국의 지배하에 있는 북아일랜드의 6개 주를 포함하여 아일랜드 전체 32개 주에서 영국 군인들을 몰아내기 위한 투쟁을 선언하는 것이 결성의 계기가 되었다.[94]

2) 활 동

폭탄 테러, 암살, 강도를 자행해 왔으며, 많은 RIRA 조직원들은 IRA가 정전을 선언한 이후 IRA를 탈퇴한 전직 IRA 요원들로 구성되어 있어 테러의 경험과 폭탄 제조 기술 등의 면에서 매우 위험한 조직으로 평가를 받아 왔다. 테러의 대상으로는 북아일랜드의 영국군과 경찰, 그리고 북아일랜드의 개신교 공동사회가 포함되고 있다. RIRA는 29명을 살해하고 220명에게 부상을 입힌 1998년 8월 15일 북아일랜드 오마흐(Omagh) 자동차 폭탄테러를 자행했다. 이 조직은 오마흐 사건 이후 비

94) Monica Anatalio, "In the Spotlight: Real IRA," Center Defense Information, updated August 19, 2002, [http://www.cdi.org]

난 여론이 급등하면서 정전(停戰)을 준수하기 시작했으나 2000년과 2001년에 북아일랜드와 영국의 본토의 MI-6 본부, BBC 방송국 등에 대한 테러를 재개했다. 1999년 이후 80여 차례의 테러 공격을 주도한 것으로 알려져 있다. 일련의 테러를 자행한 혐의로 영국과 아일랜드 당국은 2001년에 조직원 40여 명을 체포했으며, 이 중에는 RIRA의 지도자인 맥케빗도 포함되어 있었다. 맥케빗은 2003년에 30년 형을 선고받았다.[95]

3) 세 력

100~200명의 행동대원들 이외에 IRA의 정전에 대해 불만을 가진 IRA의 강경론자들의 제한된 지원을 받고 있는 것으로 추정된다.

4) 활동 영역 및 근거지

북아일랜드, 아일랜드공화국, 영국

5) 외부 지원

미국에 있는 동조자들로부터 자금 지원을 받고 있는 것으로 알려져 있으며, 미국인 무기 거래상뿐만 아니라 발칸 국가들로부터 정밀 첨단 무기를 구입한 것으로 알려지고 있다. 아울러 마약 밀거래를 통해 운영자금의 일부를 조달하고 있는 것으로도 알려져 있다.[96]

---

95) http://www.tkb.org/Group.jsp?groupID=91

96) 387 "Terrorism: Questions and Answers: Narcoterrorism," The Council on Foreign Relations and the Markle Foundation, [http://www.cfrterrorism.org/terrorism/narcoterrorism2.html]

35. Revolutionary Armed Forces of Colombia(Fuerzas Armadas Revolucionarias de Colombia: FARC)

○ 가명(假名)

– Fuerzas Armadas Revolucionarias de Colombia – Ejercito del Pueblo (FARC-EP)

1) 개 요

1964년 콜롬비아 공산당의 무장단체로 창설된 FARC는 콜롬비아에서 가장 오랜 역사를 가진 마르크스주의 반정부 조직이다. 이 조직의 목표는 콜롬비아 현 정부를 전복하고, 마르크주의 국가를 건설하는 것이다.[97] FARC는 설립자이며, 지도자인 마룰란다(Manuel Marulanda)가 이끄는 서기국(Secretariat)과 고위 군사지도자인 브리세노(Jorge Briceno)를 포함한 6명에 의해서 통제되고 있다. FARC는 군지휘 계통을 따라 조직되어 있으며 몇 개의 도시에 지원조직을 가지고 있다. 2001년에 콜롬비아의 파스트라나(Pastrana) 행정부와 평화협상을 시작했으나, FARC의 항공기 납치, 콜롬비아 상원의원의 납치 사건으로 2002년 2월에 결렬되었다. 그리고 FARC는 2002년 7월에는 우리베(Alvaro Uribe) 대통령 취임식이 열리는 대통령 궁에 대규모 곡사포 공격을 단행했다. 이 사건으로 대통령 취임식에 참석한 외교 사절 등의 희

97) U.S. Department of State, *Patterns of Global Terrorism*, 2002, p. 120.

생자 발생은 없었으나, 인근 지역 거주자 21명이 목숨을 잃었다.

2) 활 동

FARC는 콜롬비아의 정치, 군사, 경제적인 목표물에 대해 폭탄 테러, 살인, 납치, 강탈, 항공기 납치는 물론 정부군에 대항하여 게릴라전과 재래식 군사작전을 감행하고 있다. 1999년 3월 FARC는 콜롬비아에서 미국 인디언 인권운동가 3명을 납치한 후 베네수엘라에서 이들을 처형했다. FARC는 몸값을 노리고 외국인들을 납치하여 그들의 활동 자금으로 활용하고 있다. FARC는 마약 거래자들과 무장 경호를 제공하는 등 밀접한 관계를 맺고 있으며, 심지어는 마약 재배, 유통 등 직접적인 마약사업을 하고 있다. FARC에 의해 자행된 560여건의 테러로 인해 6백여 명이 목숨을 잃었고, 1천 명 이상이 부상을 당했다.[98]

3) 세 력

약 9,000~12,000명의 무장 전사와 내부분 농촌 지역에 거주하는 수천 명에 달하는 지지자를 가지고 있는 것으로 추정된다.

4) 활동 영역 및 거주지

콜롬비아에서 주로 활동하며 베네수엘라, 파나마, 에콰도르 등지에서 강탈, 납치, 병참 지원 등의 일부 활동을 하기도 한다.

5) 외부 지원

쿠바가 약간의 의료 및 정치적 자문을 제공하고 있으며, 아일랜드공화군(IRA)이 무기를 제공하고 있다는 혐의를 받고 있다.

---

98) http://www.tkb.org/Group.jsp?groupID=96

36. Revolutionary Nuclei(RN: formerly ELA)

○ 가명(假名)

– Revolutionary Cells

1) 개 요

RN은 광범위한 반체제, 반미국, 반나토(NATO), 반유럽연합(EU)을 주장하는 좌익단체들이 1990년 중반 이후 통합되면서 나타난 조직으로 그리스에서 가장 악명 높은 테러단체로 1970년대부터 그리스의 정치 체제에 정면으로 도전했던 Revolutionary People's Struggle(ELA)의 계승 혹은 분리된 것으로 알려지고 있다. 실제로 RN은 ELA의 공백을 메꾸기 위해 나타난 것으로 추정되며, 실제로 RN이 발표한 성명서들을 보면 논리, 논조, 그리고 주제 등에서 ELA의 주장과 많은 유사점을 가지고 있다고 전문가들은 주장한다.[99]

2) 활 동

RN은 1995년 1월 활동을 시작하여, 그리스 내의 미국, 그리스, 그리고 다른 유럽의 목표물을 대상으로 자행된 수 차례의 폭탄 테러 등이 자신들의 소행이라고 주장하고 있다. 지금까지 RN의 가장 악랄하면서도 치명적인 공격으로는 1999년 4월 그리스 인터콘티넨탈 호텔에 대한 폭탄 테러이며, 이 테러로 1명의 그리스 여성이 사망하고, 1명의 그리스 남자가 부상했다. RN의 테러 방식은 공격이 임박했음을 전화상으로 경고하고, 초보적인 시한폭탄 장치를 사용하며, 주로 늦은 밤이나 이른 새벽에

99) Theodora Ruhs, "In the Spotlight: The Revolutionary Nuclei," Center for Defense Information, September 2, 2002, [http://www.cdi.org/terrorism]

공격한다. RN의 미국에 대한 대표적인 테러 공격은 2000년 11월 시티그룹(Citigroup)의 아테네 사무실과 그리스계 미국 조각가 스튜디오 건물에 대한 폭탄 테러 사건이었다. 또한 RN은 1999년 12월 아테네의 텍사코(Texaco) 사무실 외부에서 폭탄을 설치하여 폭파했다. 자국에 대한 공격은 법원과 정부 청사 건물, 개인 자동차, NATO와 관련한 방산 거래에 참여한 그리스 업체의 사무실 등을 대상으로 이루어지고 있다. 마찬가지로 RN은 1998년 12월과 2000년 11월에 영국계인 바클레이 은행(Barclays Bank)을 포함해서 아테네에 있는 유럽의 이익들을 공격했다. 설립 후 지금까지 40여 차례의 테러를 자행했으며, 최근에도 간헐적으로 테러를 자행하고 있다.[100]

3) 세 력

집단의 조직원은 소규모로 알려지고 있으며, 그리스 극좌 군인 출신, 무정부주의자 등이 중심 구성원인 것으로 추정된다.

4) 활동 영역 및 근거지

주요 활동 영역은 아테네 지역이다.

5) 외부 지원

구체적으로 외부 지원 세력은 알려진 바 없으며, 자체 자금 조달을 통해서 조직을 유지하고 있다.

100) http://www.tkb.org/Group.jsp?groupID=100

37. Revolutionary Organization 17 November(RO-N17)

○ 가명(假名)

– 17 November (N17)

1) 개 요

RO-N17은 급진 좌익 집단으로 1975년 조직되었으며, 조직의 명칭은 1973년 11월 군사정권에 저항하여 학생들이 봉기를 시작한 날짜에서 유래했다. 반(反)그리스 체제, 반(反)미, 반(反)터키, 반(反)나토를 주장하면서 미군 기지의 축출, 키프로스에서 터키군의 철수, 그리고 그리스와 나토 및 EU와의 관계 단절이라는 조직의 목표를 가지고 있다.[101]

2) 활 동

RO-N17의 초창기 테러 공격은 주로 그리스에 주재하는 외국인 관리, 그리고 그리스의 저명인사의 암살이 주를 이루었다. 대표적인 사건은 1975년에 발생한 그리스 주재 미국 CIA 지부장 암살 사건이었다. 1980년대에는 저급한 수준의 폭탄 테러 공격을 주로 사용했으며, 1990년 이후 테러 목표물이 EU 시설물과 그리스에 투자를 하고 있는 외국계 기업으로 확대되었으며, 테러 무기도 파괴력이 한층 강화된 로켓 등을 사용하기 시작했다. 가장 최근의 테러로는 2000년 6월 영국 국방무관 손더

101) Anthee Carassava, "Tight Security at N17 Terror Trial," CNN.com/World, March 3, 2003; http://www.tkb.org/Group.jsp?groupID=101

스(Stephen Saunders)의 살해 사건이었다. 2002년에 미국 FBI 그리고 스코틀랜드 야드(Scotland Yard)의 도움을 받은 그리스 정부가 지도자인 지오토폴러스(Alexandros Giotopoulos)를 포함한 19명의 조직원을 체포했고, 지오토폴러스에 대해서는 종신형을 선고했다.[102]

3) 세 력

구체적으로 알려진 바 없으나, 적게는 20여 명 정도로 소규모로 추정된다. 특히 2002년에 조직원 다수가 정부 당국에 체포되어 거의 활동이 중단된 것으로 파악되고 있다.

4) 활동 영역 및 근거지

주된 활동 근거지는 그리스 아테네이다.

5) 외부 지원

자금 조달은 은행 강탈을 통해서 자체적으로 해결하고 있는 것으로 알려져 있다.

38. Revolutionary People's Liberation Party/Front(RPLP/F)

○ 가명(假名)
- Devrimci Sol
- Revolutionary Left
- Dev Sol
- DHKP/C
- Revolutionary Way

102) http://www.tkb.org/Group.jsp?groupID=101

1) 개 요

RPLP/F는 카라타스(Dursun Karatas)에 의해서 1978년에 조직되었으며, 터키의 대표적인 좌익 조직으로 터키 인민 해방 정당-전선(Turkish People's Liberation Party-Front: THKP-C)의 연계 조직이었던 Devrimci Yol (Dev Yol)에서 분리되어 데브림시 솔(Devrimci Sol)이라는 이름을 최초에는 사용했다. 1994년 분파 간 대내 투쟁 후 현재 이름 RPLP/F로 개명했다.103) 이 조직은 마르크스 사상을 신봉하고, 반(反)미, 반(反)터키, 반(反)나토를 표방한다.104)

2) 활 동

1980년대 말 이후 전, 현직 터키 보안 요원들과 군 인사들을 집중적으로 공격 표적으로 삼았다. 그리고 1990년대에 이르러서는 미국 외교관, 군 시설에 대한 공격 등을 자행하기도 했으며, 대표적인 사건은 1990년 2월의 걸프전에 대한 보복 차원에서 국방부 계약자 2명을 살해한 사건, 1990년 3월의 1명의 미 공군 장교 암살 사건, 1992년 이스탄불에 있는 미국 영사관에 대해 로켓 공격 사건 등이 있다. 1996년 초에는 저명한 터키 사업가를 포함한 수명을 살해했으며, 1999년에는 또다시 이스탄불의 미국 영사관에 대한 대전차 로켓 공격을 기도하기도 했다. 그리고 2001년 1월과 9월에 터키 경찰서를 목표로 최초의 자살 테러를 자행했다. 이 사건 직후 터키 경찰의 급습과 체포로 조직원 상당수가 체포되었지만 간헐적인 테러는 계속되고 있다. 지금까지 80여 건의 테러를 자행했다.105)

103) 이 단체의 명칭에 사용되고 있는 용어 중에 Party가 의미하는 것은 이 단체의 정치적 활동을 하는 정치 결사체를 의미하며, Front는 군사 작전을 의미하는 군사조직의 성격을 나타내고 있다. 즉 정치 군사조직의 의미를 담고 있는 것이다.

104) http://www.tkb.org/Group.jsp?groupID=38

3) 세 력

알려진 바 없다.

4) 활동 영역 및 근거지

주요 활동 무대는 터키의 이스탄불이다.

5) 외부 지원

서유럽의 지지자들에게서 일부 헌금 등을 받고 있지만, 조직 운영을 위한 자금 조달은 주로 무장 강도와 강탈 등을 통해 자체적으로 하고 있는 것으로 알려지고 있다.

39. Salafist Group for Call and Combat(GSPC)

○ **가명(假名)**
- Salafist Group for Preaching and Combat

1) 개 요

GSPC는 알제리 유혈 내전이 한창이던 1996년에 최대 테러조직이었던 Armed Islamic Group(GIA)에서 분리되어 조직되었지만 현재는 알제리 내에서 가장 체계적인 구조를 가지고 있으며, 무장이 잘된 조직으로 알려지고 있다. GIA와는 대조적으로, GSPC는 알제리 내에서 민간인에 대한 테러 공격

105) *Ibid.*

을 하지 않을 것임을 선언하여 대중적인 지지를 받고 있다.[106] 2000년에는 모체였던 GIA의 해외 지지 세력과 유럽, 아프리카, 중동 지역의 지원 네트워크를 대부분 흡수하는 데 성공하여 알제리 최대 조직으로 등장했다.[107] GSPC 조직의 목표는 알제리에서 이슬람 율법에 의해 다스려지는 이슬람 국가를 건설하는 것이다.

2) 활 동

GSPC는 설립 이후 주로 정부 및 군을 대상으로 테러 공격을 계속하고 있지만, 자금 조달 목적으로 외국 관광객을 납치하기도 한다. 외국인에 대한 대표적인 테러 사건은 2003년 2월에 사하라 사막을 관광하던 31명의 유럽 관광객을 납치하여 그 중 한 명을 살해한 사건이다.

3) 세 력

알제리 정부는 핵심 요원이 200에서 300명 정도로 추산하고 있지만, 실질적으로 동조 혹은 지지하는 세력은 알제리 내에서만도 수천 명에 달할 것으로 추정된다.

4) 활동 영역 및 근거지

주된 활동 및 근거지는 알제리이다. 그 밖에 유럽 내의 일부 GSPC의 요원들은 알 카에다에 동조하는 북아프리카의 극단주의자와 접촉을 유지하고 있는 것으로 알려짐으로써 활동 영역을 확대하고 있는 것으로 추정된다.

---

106) http://www.tkb.org/Group.jsp?groupID=3777

107) Anthony Keats, "In the Spotlight: The Salafist Group for Call and Combat," Center For Defense Information, January 14, 2003, [http://www.cdi.org]

5) 외부 지원

서유럽에 거주하고 있는 많은 알제리 망명자들과 GSPC의 해외 요원들이 재정적 및 병참적인 지원을 제공하고 있다. 그 밖에 알제리 정부는 이란과 수단이 지난 몇 년 동안 알제리 극단주의자들을 지원했다고 주장하고 있다.

40. Shining Path(Sendero Luminoso: SL)

1) 개 요

남미의 테러리스트 단체 중에 가장 많이 알려져 있는 SL은 페루 공산당(Peruvian Communist Party-PCP)에 반대하는 당원들이 탈당하여 대학교수 출신인 아비마엘 구즈만(Abimael Guzman)이 중심이 되어 1969에 결성되었다. 신마오쩌둥주의(neo-Maoist)임을 주창하고 있는 SL은 남미에서 가장 폭력적인 성향을 나타내고 있는 테러리스트 단체이며, 소작 농민을 이용하여 농촌 지역에서 먼저 무장 봉기를 일으키고, 점차 대도시 주변으로 확대하여 정부 전복을 기도하는 반란단체이다.[108] SL은 동시다발적인 테러리즘 공격은 물론 도시 게릴라전을 자행하고 있어, 1980년대에 들어서면서 서반구에서 가장 무자비한 테러집단들 중의 하나가 되었다.[109] SL의 명시적인 목표는 기존의 페루 제도들을 파괴하고 공산

108) http://www.tkb.org/Group.jsp?groupID=111

109) 2003년 페루의 진실 및 화해위원회의 집계에 따르면, 1980년 SL이 무장 투쟁을 전개한 6만 9천여 명이 SL과 정부군과의 대결 과정에서 사망한 것으로 나타났다.

주의 농민 혁명정권으로 대체하는 것이다. SL은 또한 해외의 다른 정부들의 영향력을 반대할 뿐만 아니라 특히 투팍 아마루 혁명운동(Tupac Amaru Revolutionary Movement: MRTA)과 같은 라틴 아메리카의 다른 게릴라 집단의 영향력을 반대하고 있다.

주로 은행 강도와 금전 강탈을 통해, 그리고 그들이 영향권에 두고 있는 지역의 주민들에게 전쟁세(war tax)를 부과하여 단체를 유지하고 있다. 또한 SL은 농촌 지역에서 공세적인 사상교육을 단행하여 12~15세의 소년들을 단체에 끌어들이고 있는데, 상대적으로 교육 정도가 낮고 이성적으로 합리적인 판단을 내릴 수 있는 능력이 없는 소년들을 이용하는 반인륜적 만행을 자행하고 있다. SL은 테러리즘 자행시 세포조직(cellular structure)을 활용하고 있는데, 각 세포에는 적어도 한 명의 여자 테러리스트가 포함된다. 이들 여자들은 주로 정보원, 메시지 전달원으로 활용되는데, 때로는 공격조에 포함되기도 한다. SL이 가장 잔인한 테러리스트 단체로 알려진 이유는 소름끼치는 암살 행위 때문이다. 희생자들의 신체를 절단한 후 시체는 공공 장소에 버려 둠으로써 테러리즘 효과를 극대화하고 있다. SL은 농촌, 소작농 중심의 혁명을 신봉하고 있지만 지도층은 중산층 출신의 지식인들이다. 하지만 이들은 대중운동의 이미지를 교묘하게 유지하여 농촌 지역의 지지를 이끌어 내는 데 성공했다.

2) 활 동

무차별적인 폭탄 테러와 선택적인 암살 테러를 주로 자행하고 있다. 1990년 페루 주재 외교공관에 대해 연쇄적인 폭탄 테러를 자행했으며, 이 중에는 동년 12월 미 대사관에 대한 자동차 폭탄 테러가 포함되어 있다. 1992년 9월 페루 정부의 소탕작전 때 SL의 지도자 구즈만이 체포되었고, 1995년에 상당수의 다른 지도급 요원들이 체포되어 SL은 타격을 받은 것으로 알려지기도 했지만, 여전히 페루 정권에 대항하여 테러리즘을 자행하고 있다. 2002년 부시 미국 대통령의 페루 방문 직전에 미국 대사관에 대한 차량 폭탄 테러가 발생하여 9명이 사망하고 30명이 부상을 당하기도 했다.[110]

3) 세 력

SL의 정확한 세력 규모는 알려진 바가 없지만 대략 200명에서 1천 명 정도로 추산되고 있다.[111]

4) 활동 영역 및 근거지

페루, 대부분의 활동은 농촌 지역에서 이루어지고 있다.

5) 외부 지원

없다.

41. Tanzim Qa'idat al-Jihad fi Biladal-Rafidayn(QJBR)

○ 가명(假名)
- Jama'at al-Tawhid wa'al-Jihad(JTJ)
- al-Zarqawi Network
- Monotheism and Holy Struggle
- Unification and Jihad
- al-Tawhid
- al-Qaeda in Iraq

110) "Shining Path Revisited," *The Economist*, Sept. 6, 2003
111) U.S. Department of State, *Patterns of Global Terrorism*, 2002, p. 124.

1) 개 요

2004년 초에 요르단 태생인 아부 무사브 알 자르카위(Abu Musab al-Zarqawi)[112]에 의해 설립된 극단 이슬람주의 과격 테러조직이다. 알 자르카위의 본명은 아흐메드 파딜 알 칼알라(Ahmad Fadil al-Khalaylah)로 1966년 요르단의 빈민촌 자르카에서 출생해 10대 때부터 이슬람 과격단체에 가담했으며, 1980년대엔 아프간을 침공한 옛 소련에 맞서 빈라덴 및 무자헤딘(이슬람 전사)들과 함께 싸웠다. 소련의 아프간 침공시 대항하던 알 카에다 지도부와 긴밀한 연계를 가지고 있다는 인연으로 2004년 10월 17일 오사마 빈 라덴에게 충성을 맹세한 직후 명칭도 이라크 내 알 카에다로 변경했다. 이 조직의 목표는 이라크에서 미국을 몰라내고 현 이라크 정권을 전복시켜 이슬람 국가를 건설하는 것이다.[113]

2) 활 동

이 조직은 차량을 이용한 사제 폭발물 테러와 인질 납치 및 살해 전술을 주로 사용하는데, 이러한 전술을 통해 미국 및 미국 동맹국, 그리고 이라크 내에 있는 외국계 기업을 몰아내고, 동시에 미국을 지원하는 이라크 자국민들의 미국 지원을 중단하도록 압력을 행사하고 있으며, 현 이라크 정부의 혼란을 조성하려는 의도를 가지고 있다. 시아파를 겨냥한 2004년 3월 바그다드・카르발라의 연쇄 자살 폭탄 테러를 주도한 것으로 알려져 있으며, 같은 달 스페인 마드리드 열차 폭탄 테러와 4월 말 미수에 그친 요르단 암만의 테러 기도에도 관련이 있다는 의혹을 받고 있다. 그리고 한국인 김선일 씨를 납치 및 살해한 조직이기도 하다.

---

112) 2006년 6월 7일 바쿠바 안가에서 회의를 주재하던 중에 미군의 공격에 의해 사망했다.
113) http://www.tkb.org/Group.jsp?groupID=4338

3) 세 력

대략 1천 명에서 1천 5백 명의 조직원을 거느리고 있으며, 이들 조직원은 이라크인은 물론 아랍인과 기타 이슬람 국가 출신인 것으로 알려지고 있다.

4) 활동 영역 및 근거지

주된 활동 근거지는 이라크 북동부 지역으로 알려져 있다.

42. United Self-Defense Forces of Colombia(AUC)

1) 개 요

AUC는 부유층과 지주들의 경제적 이익을 지키고, FARC, 그리고 ELN 등 지방 반란 조직과 투쟁하기 위해 연대하는 지방과 지역의 준군사조직의 동맹을 강화하기 위해 우산 기구로 1997년 4월에 결성되었다. 2002년에 AUC의 지도 체제가 와해되고 나서 마약 거래를 하고 있는 하부 연대 조직을 제거하기 위해 AUC의 조직이 재정비되었다. 경제 엘리트, 마약 거래상, 그리고 효율적인 정부의 보호를 받을 수 없는 지방 공동체들로부터 지원을 받고 있는 AUC는 반정부 조직들로부터 그들을 후원하는 세력들을 보호하는 임무도 수행한다. 현재 AUC는 자신들이 지역적 및 국가적인 반정부 폭동 진압군이라고 주장한다. AUC는 상당한 수준의 장비를 보유하고 있고, 화력도 군사조직에 준하는 수준이며, 대원들에게 월급을 지불하는 것으로 알려져 있다.[114]

2) 활 동

AUC의 활동은 협의를 받고 있는 폭동 지지자들에 대한 암살에서부터 게릴라전에 이르기까지 다양하다. AUC는 일반적으로 정부 보안군과의 충돌은 피하고 있으며, 또한 미국인들 또는 미국의 이해와 관련된 것은 공격하지 않고 있다.

3) 세 력

과거 군인이었던 사람들과 폭도들을 포함해 대략 6,000~8,150명으로 추정된다.

4) 활동 영역 및 근거지

AUC군은 안티오키아(Antioquia) 북서부 지역, 코르도바(Cordoba), 수크레(Sucre), 그리고 볼리바르(Bolivar) 구역에서 가장 강력한 세력이다. 1999년 이래로, AUC는 북부와 남서부의 다른 지방에서 점점 더 많은 활동을 보이고 있다. 2000년 푸투마요(Putumayo)에서 AUC와 FARC 폭도와의 충돌은 AUC가 콜롬비아 전역에서 폭동에 대응할 수 있는 것을 보여 준 사례이다.

5) 외부 지원

알려진 바가 없다.

114) http://www.tkb.org/Group.jsp?groupID=126

제3부

테러조직 일반정보

1. 테러조직별 테러 자행 현황(1968~2005년)

테러조직 명칭	건 수	부상자	사망자
21 June	1	0	0
23rd of September Communist League	9	3	3
28 May Armenian Organization	2	42	5
2nd of June Movement	4	3	1
31 Popular Front	1	0	0
313	1	8	6
4 August National Organization	1	0	0
Abdurajak Janjalani Brigade(AJB)	1	0	0
Abu al-Abbas	1	1	0
Abu Bakr al-Siddiq Fundamentalist Brigades	2	0	3
Abu Hafs al-Masri Brigade	9	826	249
Abu Nayaf al-Afgani	1	0	0
Abu Nidal Organization(ANO)	88	741	216
Abu Sayyaf Group(ASG)	55	515	197
Accolta Nazinuale Corsa	1	0	0
Achik National Volunteer Council(ANVC)	1	0	0
Actiefront Nationistisch Nederland	1	0	0
Action Committee of Winegrowers	1	0	0
Action Directe	21	99	9
Action Front for the Liberation of the Baltic Countries	2	0	0
Action Group Extreme Beate	1	0	0
Aden Abyan Islamic Army(AAIA)	2	14	8
Adivasi Cobra Force(ACF)	1	0	1
Affiche Rouge	2	0	0
African National Congress(South Africa)	16	3	5
Ahmadiya Muslim Mission	1	12	2
Akhil Krantikari	2	0	0
al-Aarifeen	4	1	6
al-Ahwal Brigades	1	0	0

al-Ali bin Falah	1	0	0
al-Aqsa Martyrs Brigade	18	26	10
al-Badr	1	0	0
al-Bara bin Malek Brigades	2	4	5
Al-Barq	1	6	7
al-Borkan Liberation Organization	3	2	2
al-Faran	2	0	1
al-Faruq Brigades	1	1	7
al-Fatah	231	1,462	463
al-Fatah Uprising	1	12	1
Al-Fursan Brigades	1	0	0
al-Gama'a al-Islamiyya(GAI)	36	229	134
al-Hadid	3	0	0
al-Haramayn Brigades	1	0	0
al-Intiqami al-Pakistani	1	3	6
al-Islah	1	0	1
al-Islambouli Brigades of al-Qaeda	3	100	65
al-Ittihaad al-Islami(AIAI)	2	20	6
al-Jihad	2	60	17
al-Jihad Brigades	1	0	7
al-Madina	3	0	0
al-Mansoorain	3	57	22
al-Nasireen	4	30	5
al-Nasirin	2	0	3
al-Nawaz	2	13	2
al-Qaeda	28	8,859	3,533
al-Qaeda in the Arabian Penninsula(AQAP)	5	25	14
al-Qaeda Organization in the Land of the Two Rivers	190	2,596	1,396
al-Qanoon	1	45	11
al-Quds Brigades	3	75	5
al-Sadr Brigades	1	0	0
al-Saiqa	7	7	9
al-Umar Mujahideen	1	0	0
al-Zulfikar	1	0	1

Albanian National Army(ANA)	4	2	2
Alejo Calatayu	1	0	0
Alex Boncayao Brigade(ABB)	11	2	0
Alianca Libertadora Nacional(ALN)	3	2	1
All Burma Students' Democratic Front(ABSDF)	1	0	0
All Tripura Tiger Force(ATTF)	10	29	59
Amal	69	65	67
Ananda Marga	10	10	3
Anarchist Attack Teams	1	0	0
Anarchist Faction	3	0	0
Anarchist Faction for Subversion	1	0	0
Anarchist Liberation Brigade	1	0	0
Anarchist Street Patrol	1	0	0
Anarchist Struggle	2	0	0
Anarchists' Attack Group	1	0	0
Anarkhiki Omadha 20 Louli	1	0	0
Andres Castro United Front(FUAC)	1	13	1
Angry Brigade	3	1	0
Animal Liberation Front(ALF)	12	0	0
Ansar al-Din	1	0	0
Ansar al-Islam	5	24	17
Ansar al-Jihad	1	0	0
Ansar al-Sunnah Army	51	894	485
Ansar Allah	3	236	117
Anti-American Arab Liberation Front	1	196	3
Anti-Armenian Organization	3	13	0
Anti-Authority Erotic Cells	1	0	0
Anti-Castro Cubans	211	49	86
Anti-Communist Command	1	0	0
Anti-Establishment Nucleus	2	0	0
Anti-Imperialist Cell(AIZ)	1	0	0
Anti-Imperialist Group Liberty for Mumia Abu Jamal	1	0	0
Anti-Imperialist International Brigade	13	0	1
Anti-Imperialist Patrols for Proletariat Internationalism	1	0	0

Anti-Mainstream Self Determination Faction	1	0	0
Anti-Olympic Flame	2	0	0
Anti-Power Struggle	3	0	0
Anti-Racist Guerrilla Nuclei	1	0	0
Anti-State Action	3	0	0
Anti-State Defense	1	0	0
Anti-State Nuclei	1	0	0
Anti-Terrorist Liberation Group	12	5	10
Anti-Zionist Movement	1	0	0
Anticapitalist Attack Nuclei(NAA)	2	0	0
Apo's Revenge Hawks	2	0	0
Apo's Youth Revenge Brigades	1	0	0
April 19 Movement	35	11	5
Arab Commando Cells	1	0	1
Arab Communist Organization(ACO)	12	9	1
Arab Communist Revolutionary Party	2	0	0
Arab Fedayeen Cells	3	1	0
Arab Liberation Front(ALF)	3	10	5
Arab Nationalist Youth for the Liberation of Palestine(ANYLP)	7	0	88
Arab Revenge Organization	1	0	0
Arab Revolutionary Front	1	1	0
Arab Unionist Nationalist Organization	1	0	1
Arabian Peninsula Freemen	1	0	1
Argentine Anti-Communist Alliance	1	0	2
Armata Corsa	2	0	0
Armata di Liberazione Naziunale	2	0	1
Armed Commandos of Liberation	1	0	0
Armed Communist League	1	0	0
Armed Forces of National Liberation	2	0	0
Armed Forces of National Resistance	4	1	2
Armed Forces Revolutionary Council(AFRC)	5	0	0
Armed Islamic Group	64	259	506
Armed Revolutionary Action	1	0	23
Armed Revolutionary Left	2	1	0

Armed Youth of Cherikha-ye Fadayee	1	0	1
Armenian Red Army	1	1	0
Armenian Resistance Group	2	0	0
Armenian Revolutionary Army	7	8	6
Armenian Revolutionary Federation(ARF)	2	0	2
Armenian Secret Army for the Liberation of Armenia (ASALA)	84	299	46
Army for Iran's National Liberation	2	0	0
Army for the Liberation of Kurdistan	1	100	61
Army of God	1	1	1
Army of the Corsican People	4	3	0
Army of the Followers of Sunni Islam	1	0	3
Arnoldo Camu Command	1	0	0
Asbat al-Ansar	8	0	8
Asif Raza Commandos	1	20	5
August 23 Movement	1	0	0
Aum Shinri Kyo	1	5,000	12
Autonomia Sinistra Ante Parlamentare	2	0	0
Autonomous Cells	1	0	0
Autonomous Cells of Rebel Action	1	0	0
Autonomous Decorators	1	0	0
Autonomous Intervention Collective Against the Zionist Presence in France	1	32	0
Autonomous Revolutionary Activity	1	0	0
Azad Hind Sena	1	0	0
Baader-Meinhof Group	19	31	4
Babbar Khalsa International(BKI)	1	49	1
Badr Forces	1	0	1
Bagramyan Battalion	1	0	0
Baloch Liberation Army(BLA)	24	14	0
Bangladesh Nationalist Party(BNP)	2	3	0
Bani Hilal Tribe	1	0	0
Barisan Revolusi Nasional Melayu Pattani(BRN)	1	0	0
Basque Fatherland and Freedom	406	546	61
Battalion of the Martyr Abdullah Azzam	4	13	3
Bersatu	3	47	1

Birsa Commando Force(BCF)	1	0	0
Black and Red Brigades	1	0	0
Black Brigade	1	0	0
Black December	2	0	0
Black Friday	1	0	0
Black Hand	2	42	19
Black Lebanon	1	0	0
Black Liberation Army	1	0	0
Black Panther	1	0	0
Black Panthers	5	0	0
Black Revolutionary Assault Team	3	3	0
Black September	94	186	35
Black Star	9	0	0
Black Widows	2	179	52
Bodo Liberation Tigers(BLT)	1	0	1
Boere Aanvals Troepe(BAT)	1	2	0
Bolivarian Guerilla Movement(MGB)	1	0	0
Bolivarian Liberation Forces(FBL)	2	5	0
Borok National Council of Tripura(BNCT)	3	0	2
Breton Revolutionary Army(ARB)	17	1	1
Brigades for the Defense of Holy Shrines	1	0	0
Brigades of Imam al-Hassan al-Basri	1	1	2
Brigades of Martyr Ahmed Yassin	1	0	4
Brigades of the Mujahideen in Iraq	4	0	2
Brigades of the Victorious Lion of God	1	0	0
Brother Julian	1	14	0
Burning Path	1	0	0
Cambodian Freedom Fighters(CFF)	1	0	0
Canadian Hungarian Freedom Fighters Federation	1	0	0
Canary Islands Independence Movement	1	0	0
Carapaica Revolutionary Movement	1	5	0
Catholic Reaction Force(CRF)	3	0	0
Caucasian Front for the Liberation of Abu Achikob	1	0	0
Cell for Internationalism	2	0	0

Chadian People's Revolutionary Movement	1	0	0
Chaotic Attack Front	1	0	0
Charles Martel Group	9	46	5
Che Guevara Anti-Imperialist Command	4	0	0
Che Guevara Brigade	9	0	1
Children of Fire	2	0	0
Chilean Committee for Disarmament and Denuclearization	1	8	0
Chilean Committee of Support for the Peruvian Revolution	1	0	0
Christians for Peace and National Salvation	1	0	0
Chukakuha	14	0	0
Cinchoneros Popular Liberation Movement	6	0	0
Civilian Home Defense Forces(CHDF)	1	0	1
Clandestini Corsi	6	8	0
Coalition of National Brigades	1	0	0
Coalition to Save the Preserves(CSP)	2	0	0
Comando Alejo Calatayud	1	0	0
Comando Jaramillista Morelense 23 de Mayo	1	0	0
Combatant Proletarian Nucleus	1	0	0
Comité Argentino de Lucha Anti-Imperialisto	5	0	0
Commando Anarchist Group	1	0	0
Commando Internacionalista Simon Bolivar	2	0	0
Commando of Croatian Revolutionaries in Europe	1	8	0
Committee for Liquidation of Computers(CLODO)	1	0	0
Committee for the Security of the Highways	4	7	3
Committee of Coordination	4	0	0
Committee of Solidarity with Arab and Middle East Political Prisoners(CSPPA)	14	171	6
Communist Combatant Cells	15	3	0
Communist Party of India-Maoist	53	151	86
Communist Party of Nepal-Maoists(CPN-M)	306	310	137
Communist Revolutionaries in Europe	1	0	0
Communist Workers Movement	2	0	0
Communists Liberation Faction	2	0	0
Conscientious Arsonists(CA)	8	0	0

Consciously Enraged	1	0	0
Construction of the Fighting Communist Party(NTA-PCC)	1	0	0
Continuing Struggle	1	0	0
Continuity Irish Republican Army(CIRA)	23	8	1
Cooperative of Hand-Made Fire &Related Items	3	2	0
Corsican Patriotic Front(FPC)	5	0	0
Corsican Revolutionary Armed Forces	1	0	0
Council of Organizations for the Development of People(CODEP)	1	0	0
Counterrevolutionary Solidarity(SC)	1	0	0
Croatian Freedom Fighters(CFF)	7	3	1
Cypriot Nationalist Organization(OKE)	1	0	0
Dagestan Liberation Army	4	453	248
Dario Santillan Command	2	0	0
de Fes	1	2	2
Death Squad of Mujahideen of Iraq	1	0	0
December 20 Torrijist Patriotic Vanguard(VPT-20)	2	0	1
Democratic Front for the Liberation of Palestine(DFLP)	35	250	43
Democratic Karen Buddhist Army(DKBA)	2	34	7
DHKP-C	77	91	21
Dima Halam Daoga(DHD)	1	4	8
Divine Wrath Brigades	2	0	0
Doku Umarov	1	0	0
Dukhtaran-e-Millat	1	1	1
Eagles of National Unity	1	0	0
Earth Liberation Front(ELF)	55	0	0
East Turkistan Liberation Organization	1	0	2
Ecuadorian Rebel Force	1	0	0
Egypt's Revolution	6	8	2
Egyptian Islamic Jihad	2	20	5
Enraged Proletarians	1	0	0
EPA (Ejercito del Pueblo en Armas)	1	0	0
Eritrean Islamic Jihad Movement(EIJM)	1	1	2
Eritrean Liberation Front(ELF)	30	1	7
Ethiopian People's Liberation Front	1	0	0

Ethiopian People's Revolutionary Army	3	0	0
Ethnocacerista	1	5	6
Eva Peron Organization	3	0	0
Ey Al (Fighting Jewish Organization)	1	0	1
Fallujah Mujahideen	1	0	0
Farabundo Marti National Liberation Front	25	1	28
February 28 Popular Leagues	5	0	1
Fedayeen Khalq (People's Commandos)	1	3	0
Federation of Armenian Revolutionaries	1	0	1
Fighters for Freedom	1	0	0
Fighting Ecologist Activism	1	0	0
Fighting Guerillas of May	1	0	0
Fires of Hell	1	0	0
First of October Antifascist Resistance Group(GRAPO)	25	4	1
Five C's	1	0	0
For a Revolutionary Perspective	1	0	0
Francs Tireurs(Mavericks)	1	0	0
Free Aceh Movement(GAM)	36	65	59
Free Greeks	1	1	1
Free Papua Movement(OPM)	6	0	2
Free People of Galillee	1	0	0
Free South Moluccan Youth's	1	1	2
Free Vietnam Revolutionary Group	1	0	0
Freedom for Mumia Abu-Jamal	1	0	0
Frente de Liberacion Nacional del Vietnam del Sur	1	0	0
Friendship Society	2	0	0
Front for Defenders of Islam	2	0	0
Front for the Liberation of Lebanon from Foreigners(FLLF)	14	669	221
Front for the Liberation of the Cabinda Enclave	17	7	0
Front for the Liberation of the French Somali Coast	1	0	0
Front of Justice and Revenge	1	0	1
Fronte di Liberazione Naziunale di a Corsica(FLNC)	125	27	0
Gazteriak	1	0	0
Generation of Arab Fury	2	16	1

Global Intifada	3	0	0
God's Army	1	0	10
Gora Euskadi Askatata	1	0	0
Gracchus Babeuf	3	0	0
Greek Anti-Dictatorial Youth(EAN)	1	0	0
Greek Anti-Regime Movement LAOS-11	1	0	0
Greek Bulgarian Armenian Front	1	0	1
Green Brigade of the Prophet	1	0	1
Green Brigades	1	0	0
Green Cells	1	0	0
Group Bakunin Gdansk Paris Guatemala Salvador	11	27	5
Group for Social Resistance to the State Mechanism	1	0	0
Group of Carlo Giuliani	1	0	0
Group of Guerilla Combatants of Jose Maria Morelos y Pavon (CGNJMMP)	1	0	0
Group of People's Fighters(GCP)	1	0	0
Group of Popular Combatants(GPC)	5	0	0
Group of the Martyrs Mostafa Sadeki and Ali Zadeh	1	0	0
Group Revolutionary Reconstruction	1	0	0
Groups of Internationalist Communist	1	0	0
Guardsmen of Islam	1	0	0
Guatemalan National Revolutionary Unity(URNG)	3	0	0
Guerrilla Army of the Poor	14	2	7
Guevarista Revolutionary Army(ERG)	4	0	0
Hamas	545	2,904	595
Harakat al-Shuhada'a al-Islamiyah	1	1	4
Harakat ul-Mujahidin(HuM)	5	30	8
Harkat ul-Jehad(HUGI)	1	20	5
Harkat-ul-Ansar	2	0	0
Hawks of Thrace	1	1	0
Hector Riobe Brigade	1	0	1
Heroes of Palestine	1	0	0
Hezbollah	180	1,538	838
Hikmatul Zihad	1	300	19

Hindu Sena Rashtriya Sangh Party	1	90	19
Hisba	1	0	0
Hizb-I-Islami	2	9	23
Hizbul Mujaheedin's(HM)/Billal Group	2	100	21
Hizbul Mujahideen(HM)	12	30	5
Holger Meins Kommando	2	1	1
Hotaru(Firefly)	1	0	0
Iduwini Youths	1	0	0
Imam Hussein Brigades	3	5	3
Immediate Action	1	0	0
Independent Armed Revolutionary Movement(MIRA)	6	0	0
Independent Kashmir	1	8	0
Indian Intelligence	1	0	0
Indian Intelligence Research and Analysis Wing(RAW)	7	159	44
Indigenous People's Federal Army(IPFA)	6	0	0
Indomitable Marxists	1	0	0
Informal Anarchist Federation	11	2	0
International Communist Group	2	1	0
International Justice Group (Gama'a al-Adela al-Alamiya)	1	0	1
International Revolutionary Action Group(GARI)	10	6	0
International Revolutionary Struggle	1	0	0
International Solidarity	2	0	0
Internet Black Tigers	1	0	0
Iparretarrak(IK)	1	0	0
Iraqi Democratic Front	2	0	0
Iraqi Legitimate Resistance	1	0	0
Iraqi Liberation Army	1	100	61
Iraqi National Resistance	1	0	0
Iraqi Revenge Brigades	1	0	0
Irish National Liberation Army(INLA)	11	5	9
Irish Republican Army(IRA)	84	140	29
Islami Chhatra Shibir(ICS)	1	110	21
Islami Inqilabi Mahaz	1	0	5
Islamic Action in Iraq	4	0	1

Islamic Action Organization	1	4	0
Islamic Al-Waqqas Brigade	1	0	0
Islamic Army in Iraq	24	40	56
Islamic Brotherhood	1	0	0
Islamic Defense Force	1	4	0
Islamic Front for Iraqi Resistance-Salah-al-Din al-Ayyubi Brigades	1	0	0
Islamic Front for the Liberation of Palestine(IFLP)	1	0	0
Islamic Glory Brigades in the Land of the Nile	1	18	4
Islamic Golden Army	1	0	0
Islamic Great Eastern Raiders Front	16	13	1
Islamic Jihad Brigades	1	0	3
Islamic Jihad Jerusalem	24	172	46
Islamic Liberation Organization	2	27	12
Islamic Movement for Change	1	42	11
Islamic Movement of Holy Warriors	1	0	0
Islamic Movement of Iraqi Mujahideen	1	0	2
Islamic Movement of Uzbekistan(IMU)	4	8	7
Islamic Party of Egypt	1	4	0
Islamic Rage Brigade	1	0	0
Islamic Renewal Movement	1	1	0
Islamic Resistance Brigades	2	0	0
Islamic Salvation Front	3	0	0
Islamic Shashantantra Andolon(ISA)	2	125	3
Islamic Society	1	0	0
Israeli Arab Islamic Movement	1	1	3
Jagrata Muslim Janata Bangladesh	1	1	0
Jaiech al-Taifa al-Mansoura	3	39	7
Jaime Bateman Cayon Group(JBC)	1	4	0
Jaish al-Mujahedeen	1	0	1
Jaish-e-Mohammad(JeM)	4	131	49
Jaish-ul-Muslimin	1	0	4
Jamatul Mujahedin	3	170	2
Jamiat ul-Mujahedin(JuM)	4	29	7

Jammaa Islamiya(JI)	1	13	4
Jammu and Kashmir Islamic Front	3	117	37
Janashakti	1	0	0
Japanese Red Army(JRA)	15	110	30
Jeay Sindh	1	5	0
Jemaah Islamiya(JI)	4	699	261
Jenin Martyrs' Brigade	2	40	17
Jewish Defense League(JDL)	73	40	5
Jihad Brigades	3	0	0
Jihad Committee	1	0	0
Jihad Pegah	2	10	13
Jordanian Free Officers Movement	2	0	0
Jordanian Islamic Resistance	1	0	2
Jordanian National Liberation Movement	1	0	0
Jordanian Revolutionary and Military Committee(MOUAB)	2	0	0
July 20th Brigade	1	0	0
Jund al-Sham	2	16	1
Jund Allah Organization for the Sunni Mujahideen in Iran	1	0	1
June 16 Organization	4	0	0
Justice Army of Defenseless People(EJPI)	1	3	0
Justice Commandos for the Armenian Genocide	23	10	9
Kabataang Makabayan(KM)	1	0	0
Kach	8	256	42
Kachin Independence Army(KIA)	1	0	0
Kahane Chai	2	1	0
Kakurokyo	4	1	0
Kanglei Yawol Kanna Lup(KYKL)	1	10	0
Kangleipak Communist Party	1	0	0
Karbala Brigades	1	3	0
Karbi Longri North Cachar Hills Resistance Force(KNPR)	4	1	1
Karenni National Progressive Party	1	0	0
Kata'ib al-Junayd al-Jihadiyah	1	0	0
Kayin National Union(KNU)	6	45	35
Kenkoku Giyugun Chosen Seibatsutai	5	0	0

Khaibar Brigades	3	0	0
Khmer Rouge	23	53	40
Khristos Kasimis Revolutionary Group for International Solidarity	5	0	0
Knights of the Tempest	1	0	0
Knights of the Torched Bank	1	0	0
Komando Jihad (Indonesian)	1	4	0
Kosovo Liberation Army(KLA)	11	9	1
Kuki Liberation Army(KLA)	2	0	0
Kuki Revolutionary Army	1	5	8
Kurdish Democratic Party	1	2	0
Kurdish Islamic Unity Party	1	30	2
Kurdish Patriotic Union	3	31	1
Kurdistan Freedom Hawks	14	83	11
Kurdistan National Liberation Front(ERNK)	1	0	0
Kurdistan National Union	2	0	0
Kurdistan Workers' Party	97	258	46
Laiki Antistasi	1	0	0
Lashkar-e-Jhangvi(LeJ)	10	230	107
Lashkar-e-Taiba(LeT)	17	276	150
Lashkar-I-Omar	1	5	18
Laskar Jihad	1	10	14
Latin American Patriotic Army(EPLA)	1	1	0
Lautaro Youth Movement	21	0	0
Lebanese Arab Youth	4	0	0
Lebanese Armed Revolutionary Faction	11	49	5
Lebanese Liberation Front	3	21	1
Lebanese National Resistance Front	7	23	30
Lebanese Revolutionary Socialist Movement	1	0	0
Lebanese Socialist Revolutionary Organization	3	17	2
Leftist Nucleus	1	0	0
Liberating Communist Faction	1	0	0
Liberation Army Fifth Battalion	1	1,042	6
Liberation Battalion	1	0	2
Liberation Front of Quebec	1	0	1

Liberation Party	1	3	0
Liberation Tigers of Tamil Eelam(LTTE)	109	2,464	537
Liberia Peace Council	1	0	0
Lord's Resistance Army(LRA)	28	292	504
Loyalist Volunteer Force(LVF)	14	11	7
M-5	2	0	0
Macedonia Dawn	1	0	0
Macedonian Revolutionary Organization(VMRO)	1	0	0
Macheteros	1	0	0
Mahdi Army	4	0	0
Mahir Cayan Suicide Group	1	0	0
Mano Blanca	1	0	0
Manuel Rodriguez Patriotic Front	51	15	1
Maoist Communist Center(MCC)	19	24	24
Maras Salvatruchas	1	12	28
Mariano Moreno National Liberation Commando	1	0	0
Martyr Abu-Ali Mustafa Brigades	1	0	0
Martyrs of Baalbek	1	0	0
Maruseido(Marxist Youth League)	3	15	0
Masada, Action and Defense Movement	3	16	1
Maximiliano Gomez Revolutionary Brigade	3	0	0
May 15	1	0	0
May 15 Organization for the Liberation of Palestine	7	43	2
May 98	2	0	0
Meinhof-Puig-Antich Group	2	0	0
Melting Nuclei	1	0	0
Midnight Saboteurs	1	0	0
Military Liberation Front of Colombia	2	0	0
Military Wing of the Greater Syrian Army	1	16	1
Mohajir Qami Movement	1	10	8
Mohammed's Army	1	0	0
Montoneros	32	3	14
Moraza Nist Front for the Liberation of Honduras(FMLH)	1	0	0
Morazanist Patriotic Front(FPM)	8	14	1

Moro Islamic Liberation Front(MILF)	29	311	104
Moro National Liberation Front(MNLF)	16	27	15
Movement Against State Arbitrariness	3	0	0
Movement for Democracy and Development(MDD)	1	0	0
Movement for Democracy and Justice in Chad(MDJT)	1	0	1
Movement for the Struggle of the Jordanian Islamic Resistance	1	1	0
Movement of Islamic Action of Iraq	1	6	0
Movement of the Fifth Republic(MVR)	1	1	0
Movement of the Revolutionary Left	8	4	0
Movement of Youthward Brothers in War of the Palestinian People	1	0	0
Movimiento Armado Nacionalista Organizacion(MANO)	1	1	0
Movimiento Peronista	1	0	0
Movsar Baryayev Gang	2	657	162
Mozambique National Resistance Movement	29	8	18
Muadh Ibn Jabal Brigade	2	0	0
Mujahedin-e-Khalq(MeK)	19	80	40
Mujahideen al-Mansooran	1	0	0
Mujahideen Army	3	0	19
Mujahideen Division Khandaq	1	21	2
Mujahideen in Iraq	2	0	0
Mujahideen KOMPAK	1	0	0
Mujahideen Message	1	0	0
Mujahideen of the People	1	0	0
Mujahideen Without Borders	1	1	1
Muslim United Army	1	7	0
Muslims Against Global Oppression(MAGO)	1	27	1
Muttahida Qami Movement(MQM)	5	8	4
National Armed Forces	1	0	0
National Army for the Liberation of Uganda(NALU)	1	6	30
National Democratic Front of Bodoland(NDFB)	20	204	125
National Front(Greece)	1	78	0
National Front for the Liberation of Angola(FNLA)	1	0	0
National Front for the Liberation of Egypt	1	0	0

National Front for the Liberation of Kurdistan	1	0	1
National Front for the Salvation of Libya	1	0	2
National Kurdish Revenge Teams	1	8	1
National Liberation Army (Bolivia)	3	0	1
National Liberation Army (Colombia)	298	233	127
National Liberation Front of Tripura(NLFT)	24	34	62
National Liberation Union	1	0	0
National Movement for the Restoration of Pakistani Sovereignty	1	0	1
National Patriotic Front of Liberia(NPFL)	2	0	10
National Resistance Front(Chile)	1	0	0
National Revolutionary Command(Omar al-Mukhtar)	4	0	0
National Socialist Council of Nagaland-Isak-Muivah(NSCN-IM)	1	0	4
National Warriors	6	3	1
National Youth Resistance Organization	1	1	0
Nationalist Group for the Liberation of Palestine	1	0	0
Nationalist Intervention Group	1	0	0
Nationalist Kurdish Revenge Teams	1	0	0
Nestor Paz Zamora Commission	2	1	1
New Armenian Resistance(NAR)	9	19	0
New Pattani United Liberation Organization(New PULO)	1	0	6
New People's Army(NPA)	78	48	67
New Revolutionary Alternative	1	2	0
New Revolutionary Popular Struggle(NELA)	1	0	0
Night Avengers	1	0	1
Nihilists Faction	1	0	0
Ninawa Mujahideen in the city of Mosul	1	0	0
Ninth of June Organization	14	31	0
Northern League	1	0	0
Norwegian National-Socialist (Nazi) Front	1	1	0
November 25 Anarchist Group	1	0	0
November's Children	5	1	0
Nuclei Armati Comunista	2	0	0
Nuclei Communist Combatants	1	0	0
Nuclei for Promoting Total Catastrophe	1	0	0

Nusantara Islamic Jihad Forces(AMIN)	1	0	0
Odua Peoples' Congress	1	1	0
Ogaden National Liberation Front(ONLF)	1	0	0
Omar bin al-Khattab Brigades	1	0	0
Omar Torrijos Commando for Latin American Dignity	1	0	0
OPR-33	3	0	0
Orange Volunteers(OV)	8	4	0
Organization of the Oppressed on Earth	1	27	1
Organization of the Sons of Occupied Territories	1	1	0
Orly Organization	17	47	1
Oromo Liberation Front(OLF)	5	4	15
Overthrown Anarchist Faction	1	0	0
Padanian Armed Separatist Phalanx	1	1	0
Palestine Liberation Front	8	26	1
Palestine Liberation Organization(PLO)	63	588	39
Palestinian Islamic Jihad(PIJ)	123	971	190
Palestinian Popular Struggle Front(PSF)	3	13	1
Palestinian Resistance	2	23	1
Palestinian Revolution Forces General Command	15	98	17
Pan-Turkish Organization	1	0	0
Partisans of Holy War	1	0	0
Partisans of the Iranian People of Hormuzgan	1	0	0
Partisans of the Sunni	1	17	11
Patriotic Resistance Army(ERP)	1	3	0
Patriotic Union of Kurdistan(PUK)	4	0	0
Pattani United Liberation Organization(PULO)	11	32	13
Peace Conquerors	1	42	3
Pedro Leon Arboleda Movement	3	1	0
People Against Gansterism And Drugs(PAGAD)	1	0	0
People's Avant-Garde Organization	1	5	0
People's Command	1	0	0
People's Defense Forces(HPG)	8	1	2
People's Liberation Army(PLA)	1	7	3
People's Liberation Army of Kurdistan(ARGK)	9	22	47

People's Liberation Forces(El Salvador)	17	0	7
People's National Congress(PNC)	2	1	0
People's Revolutionary Armed Forces(FRAP)	1	0	0
People's Revolutionary Army (Argentina)	36	2	2
People's Revolutionary Army (Colombia)	13	1	8
People's Revolutionary Front (Philippines)	2	0	1
People's Revolutionary Militias	5	7	0
People's Revolutionary Organization	2	0	0
People's Revolutionary Party(PRP)	1	0	0
People's United Liberation Front(PULF)	1	0	0
People's War Group(PWG)	75	122	112
Peronist Armed Forces	23	0	5
Peykar	1	0	0
PKK/KONGRA-GEL	22	25	9
PLO Dissidents	1	43	6
Polisario Front	21	12	23
Polish Revolutionary Home Army	1	0	0
Popular Army of National Liberation	1	0	0
Popular Forces of April 25	19	3	0
Popular Front for the Liberation of Palestine(PFLP)	119	739	189
Popular Front for the Liberation of Palestine - General Command (PFLP-GC)	15	43	163
Popular Justice	1	0	0
Popular Liberation Army	31	25	18
Popular Movement for the Liberation of Angola	2	0	0
Popular Resistance	2	0	0
Popular Resistance Committees	27	5	6
Popular Revolutionary Action	4	0	0
Popular Revolutionary Army	1	0	4
Popular Revolutionary Front(LEM)	2	0	0
Popular Revolutionary Resistance Group	1	0	0
Popular Revolutionary Resistance Organization	1	0	3
Popular Revolutionary Vanguard	5	1	2
Popular Self-Defense Forces(FAP)	1	0	0

Proletarian Action Group	2	0	0
Proletarian Combatant Groups	1	0	0
Proletarian Nuclei for Communism	3	0	0
Proletarian Reprisals	1	0	0
Proletarian Resistance	2	0	0
Proletarian Solidarity	1	0	0
Protectors of Islam Brigade	1	0	0
Protesting Miners	1	0	0
Pueblo Reagrupado	1	0	0
Puerto Rican Resistance Movement	3	0	0
Purbo Banglar Communist Party(PBCP)	7	1	14
Rappani Khalilov	1	0	0
Rasul Makasharipov	1	0	0
Raul Sendic International Brigade	1	0	1
Real Irish Republican Army(RIRA)	32	70	30
Rebel Armed Forces	8	0	2
Rebolusyonaryong Hukbong Bayan(RHB)	1	0	2
Recontra 380	1	0	0
Red Army Faction	43	300	9
Red Brigades	15	37	5
Red Daughters of Rage	1	0	0
Red Flag (Venezuela)	4	0	0
Red Guerrillas	1	0	0
Red Hand Defenders(RHD)	28	3	6
Red Line	3	0	0
Regional Intendancy of the Sixth Region	1	0	0
Republic of New Africa	1	0	0
Resistance, Liberation and Independence Organization(AAA)	5	1	0
Resistenza Corsa	3	0	0
Revenge of the Hebrew Babies	1	10	0
Revolution of the 1920s Brigade	1	0	0
Revolutionary Action Organization of the Arab Resistance Front	1	2	0
Revolutionary Action Party	2	0	0
Revolutionary Arab Youth Organization	1	3	0

Revolutionary Armed Corps(CAR)	1	0	0
Revolutionary Armed Forces of Colombia	506	1112	525
Revolutionary Armed Forces of the People(FARP)	2	4	0
Revolutionary Army	4	0	0
Revolutionary Army of the People	2	0	0
Revolutionary Autonomous Group	1	0	0
Revolutionary Bolivariano Movement 200	1	0	0
Revolutionary Brigades	1	0	0
Revolutionary Cells Animal Liberation Brigade	1	0	0
Revolutionary Commandos of Solidarity	2	0	0
Revolutionary Eelam Organization(EROS)	1	0	0
Revolutionary Force Seven	4	0	0
Revolutionary Front for Communism	5	0	0
Revolutionary Front for Proletarian Action	3	2	0
Revolutionary Leninist Brigades	1	3	0
Revolutionary Liberation Action	1	0	0
Revolutionary Memory	1	0	0
Revolutionary Movement of the 8th(MR-8)	1	0	0
Revolutionary Nuclei	40	26	1
Revolutionary Offensive Cells	1	0	0
Revolutionary Organization 17 November(RO-N17)	51	40	9
Revolutionary Organization of Socialist Muslims	8	93	4
Revolutionary Outburst Movement	1	0	0
Revolutionary People's Army(ERP)	1	0	0
Revolutionary People's Front	2	16	6
Revolutionary People's Struggle	45	17	0
Revolutionary Perspective	1	0	0
Revolutionary Popular Resistance Organization	1	5	0
Revolutionary Proletarian Initiative Nuclei	1	0	0
Revolutionary Proletarian Nucleus	1	0	0
Revolutionary Socialists	1	0	0
Revolutionary Solidarity	5	0	0
Revolutionary Struggle	8	4	0
Revolutionary Subversive Faction-Commando Unibomber	1	0	0

Revolutionary Torch-Bearing Run	1	0	0
Revolutionary United Front (RUF)	11	1	20
Revolutionary United Front Movement	1	5	0
Revolutionary Vanguard	1	11	0
Revolutionary Violence Group(RVG)	1	0	0
Revolutionary Worker Clandestine Union of the People Party	3	0	0
Revolutionary Youth of Ecuador	1	1	0
Rigas Fereos	1	0	0
Riyad us-Saliheyn Martyrs' Brigade	11	1,136	514
Roque Dalton Commando	1	0	0
Russian National Bolshevist Part	1	0	0
Russian National Unity	1	3	0
Saad bin Abi Waqas Brigades	1	1	0
Saif-ul-Muslimeen	1	0	0
Salafia Jihadia	1	0	1
Salafist Group for Call and Combat(GSPC)	13	17	8
Salah al-Din Battalions	2	8	3
Saraya al-Shuhuada al-jihadiyah fi al-Iraq	2	19	7
Saraya Usud al-Tawhid	1	0	0
Sardinian Autonomy Movement(MAS)	1	0	0
Save Kashmir Movement	3	50	12
Secret Army Organization	1	0	0
Secret Organization of al-Qaeda in Europe	4	220	56
Secret Organization Zero	2	0	1
Sekihotai	1	0	0
Self-Defense Groups of Cordoba and Uraba(ACCU)	2	0	2
September-France	6	6	0
Seventh Suicide Squad	1	53	5
Shahin (Falcon)	1	0	0
Shalhevet Gilad	1	13	5
Shining Path	139	267	133
Shura Council of the Mujahideen of Iraq	2	0	0
Shurafa al-Urdun	1	0	1
Sihala Urumaya	1	4	0

Simon Bolivar Guerilla Coordinating Board(CGSB)	9	0	0
Sinhalese Janatha Vimukthi Peramuna(JVP)	2	0	0
Social Resistance	12	0	0
Socialist-Nationalist Front(SNF)	1	5	0
Societa Editoriale Sarda	1	0	0
Soldiers of the Prophet's Companions	2	101	53
Solidarity for Political Prisoners	1	0	0
Solidarity Gas Canisters	1	0	0
Solidarity with 17N	1	0	0
Sons of the South	1	0	0
South Londonderry Volunteers(SLV)	1	0	0
South Maluku Republic(RMS)	1	63	4
South Moluccan Suicide Commando	1	4	1
South-West Africa People's Organization(SWAPO)	2	35	17
Southern California IRA	1	0	0
Southern Sudan Independence Movement(SSIM)	1	0	0
Sovereign Panama Front(FPS)	1	2	0
Spanish Basque Battalion	4	27	6
Spanish National Action	2	1	2
Sri Nakharo	1	0	2
Strugglers for the Unity and Freedom of Greater Syria	2	33	4
Students Islamic Movement of India(SIMI)	2	71	10
Sudan People's Liberation Army	14	0	6
Supporters of Horst Ludwig Meyer	1	0	0
Sword of Islam	2	0	0
Syrian Mujahideen	1	0	1
Syrian Social Nationalist Party	3	3	25
Takfir wa Hijra	1	0	12
Taliban	172	244	348
Tanzim	3	0	0
Tawhid and Jihad	30	219	200
Tawhid Islamic Brigades	1	159	34
Terra Lliure(TL)	5	8	0
Territorial Anti-Imperialist Nuclei	2	0	0

The Anarchists	1	0	0
The Committee for Promotion of Intransigence	1	0	0
The Extraditables	2	0	1
The Holders of the Black Banners	1	0	0
The Inevitables	1	0	0
The National Anti-Corruption Front	1	0	0
Third of October Group	19	17	0
Thus Far and No Further	1	0	0
Tibetan independence forces	1	3	0
Tigers	2	10	1
Tigray Peoples Liberation Front(TPLF)	9	0	2
Tippagarh dalam	1	0	0
TKEP/L	2	3	1
Tontons Macoutes	2	0	2
Torrid Winter	1	0	0
Totally Anti-War Group(ATAG)	1	0	0
Tupac Amaru Revolutionary Movement	106	21	20
Tupac Katari Guerrilla Army(EGTK)	5	0	0
Tupamaro Revolutionary Movement - January 23	1	0	0
Tupamaros	10	1	1
Turkish Communist Party/Marxist(TKP-ML)	16	15	6
Turkish Islamic Jihad	4	42	19
Turkish National Intelligence Organization	1	0	1
Turkish People's Liberation Army(TPLA)	7	1	5
Turkish People's Liberation Front(TPLF) (THKP-C)	8	2	3
Turkish Worker Peasant Liberation(TIKKO)	14	10	10
Uganda Democratic Christian Army(UDCA)	2	0	2
Ukrainian Reactionary Force	1	0	1
Ulster Defence Association/Ulster Freedom Fighters	29	13	2
Ulster Volunteer Force(UVF)	9	3	1
Ummah Liberation Army	2	2	0
Uncontrolled Rage	1	0	0
Underground Government of the Free Democratic People of Laos	1	0	0
Unified Unit of Jihad	1	2	2

Union of Peaceful Citizens of Algeria	1	0	0
Union of Young Kurdish Revolutionaries	1	0	0
UNITA	40	178	312
United Anti-Reelection Command	1	0	0
United Arab Revolution	1	1	0
United Freedom Front(UFF)	1	0	0
United Kuki Liberation Front(UKLF)	2	0	1
United Liberation Front of Assam(ULFA)	66	311	60
United Nasirite Organizaiton	1	2	0
United National Liberation Front(UNLF)	1	2	0
United Organization of Halabjah Martyrs	1	25	0
United People's Democratic Front(UPDF)	1	0	3
United People's Democratic Solidarity(UPDS)	4	4	25
United Popular Action Movement	3	0	0
United Popular Liberation Army of America	1	0	0
United Revolutionary Front	2	1	0
United Self-Defense Forces of Colombia(AUC)	76	12	245
United Self-Defense Forces of Venezuela(AUV)	2	0	7
United Tajik Opposition(UTO)	1	0	1
Unknown Group	14,951	30,147	13,904
Usd Allah	1	0	0
Uygur Holy War Organization	2	1	2
VAR-Palmares	1	0	0
Venceremos	2	0	0
Vigorous Burmese Student Warriors	2	1	0
Vitalunismo	1	0	0
Weather Underground Organization(WUO)/Weathermen	2	0	0
West Nile Bank Front (WNBF)	3	23	10
White Legion	1	0	0
Workers' Revolutionary Party	1	0	1
World Islamic Jihad Group	1	0	0
World Punishment Organization	2	0	0
World United Formosans for Independence	1	1	0
Yanikian Commandos	1	0	0

Young Cubans	1	7	1
Young Liberators of Pattani	1	0	0
Youth Action Group	4	1	0
Yunadi Turchayev	1	0	0
Zarate Willka Armed Forces of Liberation	4	0	2
Zero Point - People's Revolutionary Army	1	0	0
Zimbabwe African Nationalist Union(ZANU)	4	0	27
Zionist Action Group	2	0	0
Zomi Revolutionary Army(ZRA)	1	0	7

2. 국가별 테러조직 현황

1. 아프리카

국 가	조 직	국 가	조 직
Algeria	7	Mozambique	3
Angola	6	Namibia	1
Chad	2	Namibia, SWAf	1
Congo(Brazzaville)	1	Niger	1
Congo, Democratic Republic of the	4	Nigeria	2
Cote d'Ivoire	2	Sierra Leone	3
Djibouti	1	Somalia	4
Egypt	8	South Africa	8
Eritrea	3	Sudan	7
Ethiopia	6	Swaziland	1
Kenya	2	Tanzania	1
Liberia	2	Tunisia	2
Libya	11	Uganda	5
Mali	1	Western Sahara	1
Mauritania	3	Zimbabwe	1
Morocco	3	Zimbabwe(Rhodesia)	2
합 계	104		

2. 동중아시아

국 가	조 직	국 가	조 직
China	2	Kyrgyzstan	3
Japan	8	Tajikistan	3
Kazakhstan	1	Uzbekistan	3
합 계	20		

3. 동유럽

국 가	조 직	국 가	조 직
Albania	1	Latvia	3
Armenia	2	Lithuania	1
Azerbaijan	2	Macedonia, The Republic of	4
Bosnia	1	Moldova	1
Chechnya	6	Poland	1
Estonia	2	Russia	13
FRY (Kosovo)	1	Serbia and Montenegro	1
Georgia	3	Ukraine	1
German Democratic Republic	1		
합 계	44		

4. 남미/카리브해

국 가	조 직	국 가	조 직
Argentina	11	Guatemala	5
Bolivia	9	Haiti	2
Brazil	2	Honduras	5
Chile	9	Mexico	15
Colombia	14	Nicaragua	3
Costa Rica	1	Panama	1
Cuba	1	Peru	2
Dominican Republic	3	Puerto Rico	5
Ecuador	6	Uruguay	2
El Salvador	4	Venezuela	9
Guadeloupe	1		
합 계	110		

5. 중동/페르시아 만

국 가	조 직	국 가	조 직
Bahrain	1	Qatar	1
Iran	11	Saudi Arabia	4
Iraq	38	Syria	13
Israel	20	Turkey	25
Jordan	7	United Arab Emirates	1
Kuwait	2	West Bank/Gaza	24
Lebanon	34	Yemen	3
합 계	184		

6. 북 미

국 가	조 직	국 가	조 직
Canada	6	United States	51
합 계	57		

7. 남아시아

국 가	조 직	국 가	조 직
Afghanistan	14	Kashmir	13
Bangladesh	11	Nepal	2
Bhutan	3	Pakistan	29
Burma (Myanmar)	7	Sri Lanka	4
India	37	Thailand	11
합 계	131		

8. 남동 아시아/오세아니아

국 가	조 직	국 가	조 직
Australia	3	Papua New Guinea	1
Cambodia	3	Philippines	14
Indonesia	12	Singapore	1
Laos	1	Vietnam	1
Malaysia	9		
합 계	45		

9. 서유럽

국 가	조 직	국 가	조 직
Austria	3	Italy	34
Belgium	5	Netherlands	8
Corsica	9	Northern Ireland (UK)	11
Cyprus	1	Portugal	3
Denmark	3	Spain	11
Federal Republic of Germany	3	Sweden	4
France	48	Switzerland	8
Germany	12	United Kingdom	19
Greece	81	Western Europe	2
Ireland	5		
합 계	270		

3. 테러조직의 구분 현황

구 분	조직 수	구 분	조직 수
무정부주의(Anarchist)	47	민족분리주의(Nationalist/Separatist)	199
반세계화주의(Anti-Globalization)	21	인종차별주의(Racist)	25
공산사회주의(Communist/Socialist)	113	종교주의(Religious)	122
환경주의(Environmental)	6	우파보수주의(Right-Wing Conservative)	15
좌익(Leftist)	74	우파반동주의(Right-Wing Reactionary)	14

□ 무정부주의(Anarchist) 테러조직

1. 21 June
2. 2nd of June Movement
3. Anarchist Attack Teams
4. Anarchist Faction
5. Anarchist Faction for Subversion
6. Anarchist Street Patrol
7. Anarchist Struggle
8. Anarchists' Attack Group
9. Anarchists, The
10. Angry Brigade
11. Anti-Authority Erotic Cells
12. Anti-Olympic Flame
13. Anti-State Action
14. Anti-State Defense
15. Autonomous Cells of Rebel Action

16. Black Star
17. Burning Path
18. Children of Fire
19. Committee for Liquidation of Computers(CLODO)
20. Communists Liberation Faction
21. Conscientious Arsonists(CA)
22. Cooperative of Hand-Made Fire &Related Items
23. Fires of Hell
24. Five C's
25. Informal Anarchist Federation
26. International Revolutionary Action Group(GARI)
27. International Solidarity
28. July 20th Brigade
29. Khristos Kasimis Revolutionary Group for International Solidarity
30. Knights of the Torched Bank
31. Midnight Saboteurs
32. New Revolutionary Alternative
33. Nihilists Faction
34. Nuclei for Promoting Total Catastrophe
35. OPR-33
36. Overthrown Anarchist Faction
37. Popular Justice
38. Proletarian Combatant Groups
39. Proletarian Nuclei for Communism
40. Proletarian Solidarity
41. Red Line
42. Revolutionary Offensive Cells
43. Revolutionary Torch-Bearing Run

44. Solidarity Gas Canisters
45. Solidarity with 17N
46. Torrid Winter
47. Uncontrolled Rage

□ 반세계화주의(Anti-Globalization) 테러조직

1. 21 June
2. Alex Boncayao Brigade(ABB)
3. Breton Revolutionary Army(ARB)
4. Children of Fire
5. Committee for Liquidation of Computers(CLODO)
6. Dario Santillan Command
7. Enraged Proletarians
8. For a Revolutionary Perspective
9. Free Papua Movement(OPM)
10. Group of Carlo Giuliani
11. July 20th Brigade
12. June 16 Organization
13. New Revolutionary Popular Struggle(NELA)
14. People's Revolutionary Militias
15. Popular Revolutionary Front(LEM)
16. Revolutionary Armed Forces of the People(FARP)
17. Revolutionary Front for Communism
18. Revolutionary Nuclei
19. Revolutionary Organization 17 November(RO-N17)
20. Revolutionary People's Struggle
21. Turkish People's Liberation Army(TPLA)

□ 공산사회주의(Communist/Socialist) 테러조직

1. 23rd of September Communist League
2. 2nd of June Movement
3. Action Directe
4. Affiche Rouge
5. Alex Boncayao Brigade(ABB)
6. Alianca Libertadora Nacional(ALN)
7. Anarchist Faction
8. Anarchist Liberation Brigade
9. Anarchists' Attack Group
10. Anti-Imperialist Cell(AIZ)
11. Anti-Imperialist International Brigade
12. Anti-Imperialist Territorial Nuclei for the Construction of the Fighting Communist Party
13. Anti-Mainstream Self Determination Faction
14. Anti-Power Struggle
15. Anticapitalist Attack Nuclei(NAA)
16. Arab Communist Organization(ACO)
17. Arab Communist Revolutionary Party
18. Armenian Secret Army for the Liberation of Armenia(ASALA)
19. Autonomous Cells of Rebel Action
20. Baader-Meinhof Group
21. Basque Fatherland and Freedom
22. Black Revolutionary Assault Team
23. Chaotic Attack Front
24. Chukakuha
25. Combatant Proletarian Nucleus

26. Communist Combatant Cells
27. Communist Party of India-Maoist
28. Communist Party of Nepal-Maoists(CPN-M)
29. Communist Workers Movement
30. Conscientious Arsonists(CA)
31. Democratic Front for the Liberation of Palestine(DFLP)
32. Farabundo Marti National Liberation Front
33. First of October Antifascist Resistance Group(GRAPO)
34. Group of Popular Combatants(GPC)
35. Guatemalan Labor Party
36. Guevarista Revolutionary Army(ERG)
37. International Revolutionary Action Group(GARI)
38. Irish National Liberation Army(INLA)
39. Janashakti
40. Japanese Red Army(JRA)
41. Kakurokyo
42. Khmer Rouge
43. Kurdistan Workers' Party
44. Lebanese Armed Revolutionary Faction
45. Lebanese National Resistance Front
46. Liberation Front of Quebec
47. Manuel Rodriguez Patriotic Front
48. Maoist Communist Center(MCC)
49. Martyr Abu-Ali Mustafa Brigades
50. Maruseido (Marxist Youth League)
51. May 15
52. May 19 Communist Order
53. May 98

54. Movement of the Revolutionary Left
55. National Liberation Army (Bolivia)
56. National Liberation Army (Colombia)
57. Nestor Paz Zamora Commission
58. New Afrikan Freedom Fighters
59. New People's Army(NPA)
60. New Red Brigades/Communist Combatant Party
61. New Revolutionary Popular Struggle(NELA)
62. Ninth of June Organization
63. Pedro Leon Arboleda Movement
64. People's Liberation Army of Kurdistan(ARGK)
65. People's Liberation Forces (Colombia)
66. People's Liberation Forces (El Salvador)
67. People's Revolutionary Army (Argentina)
68. People's Revolutionary Army (Colombia)
69. People's Revolutionary Organization
70. People's War Group(PWG)
71. Popular Forces of April 25
72. Popular Front for the Liberation of Palestine(PFLP)
73. Popular Liberation Army
74. Popular Resistance
75. Popular Revolutionary Front(LEM)
76. Proletarian Combatant Groups
77. Proletarian Nuclei for Communism
78. Proletarian Reprisals
79. Purbo Banglar Communist Party(PBCP)
80. Red Army Faction
81. Red Brigades

82. Red Guerrillas
83. Republic of New Africa
84. Revolutionary Armed Forces of Colombia
85. Revolutionary Front for Communism
86. Revolutionary Front for Proletarian Action
87. Revolutionary Leninist Brigades
88. Revolutionary Nuclei
89. Revolutionary Offensive Cells
90. Revolutionary Organization 17 November(RO-N17)
91. Revolutionary Organization of Socialist Muslims
92. Revolutionary People's Struggle
93. Revolutionary Proletarian Initiative Nuclei
94. Revolutionary Proletarian Nucleus
95. Revolutionary Socialists
96. Revolutionary Worker Clandestine Union of the People Party
97. Sandinistas
98. Shining Path
99. Terra Lliure(TL)
100. Territorial Anti-Imperialist Nuclei
101. Tigray Peoples Liberation Front(TPLF)
102. TKEP/L
103. TKP/ML-TIKKO
104. Tupac Amaru Revolutionary Movement
105. Tupamaros
106. Turkish People's Liberation Front(TPLF) (THKP-C)
107. UNITA
108. United Anti-Reelection Command
109. United Liberation Front of Assam(ULFA)

110. Weather Underground Organization(WUO) / Weathermen
111. Workers' Revolutionary Party
112. Zarate Willka Armed Forces of Liberation
113. Zimbabwe African Nationalist Union(ZANU)

□ 환경주의(Environmental) 테러조직

1. Animal Liberation Front(ALF)
2. Coalition to Save the Preserves(CSP)
3. Earth Liberation Front(ELF)
4. Evan Mecham Eco-Terrorist International Conspiracy(EMETIC)
5. Fighting Ecologist Activism
6. Revolutionary Cells Animal Liberation Brigade

□ 좌익(Leftist) 테러조직

1. Action Committee of Winegrowers
2. Action Group Extreme Beate
3. al-Saiqa
4. American Front
5. Anti-Imperialist Cell(AIZ)
6. Anti-Racist Guerrilla Nuclei
7. Anti-State Nuclei
8. April 19 Movement
9. Arab Liberation Front(ALF)
10. Armed Forces of National Resistance
11. Armed Revolutionary Left
12. Autonomia Sinistra Ante Parlamentare
13. Autonomous Decorators
14. Black Revolutionary Assault Team

15. Bolivarian Liberation Forces(FBL)
16. Carapaica Revolutionary Movement
17. Che Guevara Brigade
18. Cinchoneros Popular Liberation Movement
19. Comité Argentino de Lucha Anti-Imperialisto
20. Dario Santillan Command
21. DHKP-C
22. Ethiopian People's Revolutionary Army
23. February 28 Popular Leagues
24. Fighters for Freedom
25. Fighting Guerillas of May
26. Francs Tireurs (Mavericks)
27. Global Intifada
28. Gracchus Babeuf
29. Group Bakunin Gdansk Paris Guatemala Salvador
30. Guatemalan National Revolutionary Unity(URNG)
31. Guerrilla Army of the Poor
32. Islamic Great Eastern Raiders Front
33. Jaime Bateman Cayon Group(JBC)
34. June 16 Organization
35. Kakurokyo
36. Latin American Patriotic Army(EPLA)
37. Lautaro Youth Movement
38. Lebanese Socialist Revolutionary Organization
39. Leftist Nucleus
40. Mariano Moreno National Liberation Commando
41. May 19 Communist Order
42. Meinhof-Puig-Antich Group

43. Melting Nuclei
44. Montoneros
45. Morazanist Patriotic Front(FPM)
46. Movement for Democracy and Justice in Chad(MDJT)
47. Mujahedin-e-Khalq(MeK)
48. New Afrikan Freedom Fighters
49. November's Children
50. Nuclei Armati Comunista
51. Palestine Liberation Front
52. People's Revolutionary Organization
53. Peronist Armed Forces
54. Popular Revolutionary Action
55. Popular Revolutionary Resistance Group
56. Popular Revolutionary Vanguard
57. Proletarian Resistance
58. Regional Intendancy of the Sixth Region
59. Revolutionary Army of the People
60. Revolutionary Brigades
61. Revolutionary Commandos of Solidarity
62. Revolutionary Liberation Action
63. Revolutionary Memory
64. Revolutionary Subversive Faction-Commando Unibomber
65. Revolutionary United Front Movement
66. Simon Bolivar Guerilla Coordinating Board(CGSB)
67. Solidarity for Political Prisoners
68. Supporters of Horst Ludwig Meyer
69. The Inevitables
70. Tupamaro Revolutionary Movement - January 23

71. United Anti-Reelection Command
72. United Popular Action Movement
73. United Popular Liberation Army of America
74. United Tajik Opposition(UTO)

□ 민족분리주의(Nationalist/Separatist) 테러조직

1. 28 May Armenian Organization
2. 313
3. Abu Nidal Organization(ANO)
4. Abu Sayyaf Group(ASG)
5. Accolta Nazinuale Corsa
6. Achik National Volunteer Council(ANVC)
7. al-Aarifeen
8. al-Aqsa Martyrs Brigades
9. al-Badr
10. al-Faran
11. al-Faruq Brigades
12. al-Fatah
13. al-Hadid
14. al-Madina
15. al-Mansoorain
16. al-Qanoon
17. al-Quds Brigades
18. al-Saiqa
19. al-Umar Mujahideen
20. al-Zulfikar
21. Albanian National Army(ANA)
22. All Tripura Tiger Force(ATTF)

23. Amal
24. Ansar al-Jihad
25. Apo's Revenge Hawks
26. Apo's Youth Revenge Brigades
27. Arab Liberation Front(ALF)
28. Arab Nationalist Youth for the Liberation of Palestine(ANYLP)
29. Arab Revolutionary Brigades
30. Arizona Patriots(AP)
31. Armata Corsa
32. Armata di Liberazione Naziunale
33. Armed Forces of National Liberation
34. Armenian Resistance Group
35. Armenian Revolutionary Army
36. Armenian Revolutionary Federation(ARF)
37. Armenian Secret Army for the Liberation of Armenia(ASALA)
38. Army of the Corsican People
39. Army of the Followers of Sunni Islam
40. Babbar Khalsa International(BKI)
41. Bagramyan Battalion
42. Baloch Liberation Army(BLA)
43. Basque Fatherland and Freedom
44. Bersatu
45. Birsa Commando Force(BCF)
46. Black December
47. Black Liberation Army
48. Black September
49. Black Widows
50. Borok National Council of Tripura(BNCT)

51. Breton Revolutionary Army(ARB)
52. Cambodian Freedom Fighters(CFF)
53. Catholic Reaction Force(CRF)
54. Clandestini
55. Committee for the Security of the Highways
56. Committee of Solidarity with Arab and Middle East Political Prisoners(CSPPA)
57. Continuity Irish Republican Army(CIRA)
58. Croatian Freedom Fighters(CFF)
59. Dagestan Liberation Army
60. Democratic Front for the Liberation of Palestine(DFLP)
61. Democratic Karen Buddhist Army(DKBA)
62. Divine Wrath Brigades
63. East Turkistan Liberation Organization
64. Egypt's Revolution
65. Eritrean Liberation Front(ELF)
66. Ey Al (Fighting Jewish Organization)
67. Fourth Reich Skinheads
68. Free Aceh Movement(GAM)
69. Free Papua Movement(OPM)
70. Free People of Galillee
71. Free South Moluccan Youth's
72. Friendship Society
73. Front for the Liberation of Lebanon from Foreigners(FLLF)
74. Front for the Liberation of the Cabinda Enclave
75. Front for the Liberation of the Cabinda Enclave - Renewed
76. Fronte di Liberazione Naziunale di a Corsica(FLNC)
77. Gazteriak
78. Guadeloupe Liberation Army

79. Hamas
80. Harakat ul-Mudjahidin(HuM)
81. Hawks of Thrace
82. Hezbollah
83. Hizb-I-Islami
84. Hizbul Mujahideen(HM)
85. HPG
86. Independent Armed Revolutionary Movement(MIRA)
87. Indigenous People's Federal Army(IPFA)
88. Iparretarrak(IK)
89. Irish National Liberation Army(INLA)
90. Irish Republican Army(IRA)
91. Islamic Army in Iraq
92. Islamic Great Eastern Raiders Front
93. Islamic International Peacekeeping Brigade(IIPB)
94. Islamic Jihad Group (Uzbekistan)
95. Islamic Movement of Uzbekistan(IMU)
96. Islamic Resistance Brigades
97. Jaish-e-Mohammad(JeM)
98. Jaish-ul-Muslimin
99. Jamiat ul-Mujahedin(JuM)
100. Jammu and Kashmir Islamic Front
101. Jenin Martyrs' Brigade
102. Jewish Defense League(JDL)
103. Justice Commandos for the Armenian Genocide
104. Kach
105. Kahane Chai
106. Kayin National Union(KNU)

107. Kenkoku Giyugun Chosen Seibatsutai
108. Knights of the Tempest
109. Kosovo Liberation Army(KLA)
110. Kurdish Patriotic Union
111. Kurdistan Freedom Hawks
112. Kurdistan Workers' Party
113. Lashkar-e-Jhangvi(LeJ)
114. Lashkar-e-Taiba(LeT)
115. Lashkar-I-Omar
116. Lebanese Liberation Front
117. Liberation Front of Quebec
118. Liberation Tigers of Tamil Eelam(LTTE)
119. Loyalist Volunteer Force(LVF)
120. Macedonian Revolutionary Organization(VMRO)
121. Macheteros
122. Mahdi Army
123. Martyr Abu-Ali Mustafa Brigades
124. May 15 Organization for the Liberation of Palestine
125. Moro Islamic Liberation Front(MILF)
126. Moro National Liberation Front(MNLF)
127. Movsar Baryayev Gang
128. Mujahideen al-Mansooran
129. Mujahideen Message
130. Muttahida Qami Movement(MQM)
131. National Democratic Front of Bodoland(NDFB)
132. National Liberation Front of Tripura(NLFT)
133. Nationalist Kurdish Revenge Teams
134. New Afrikan Freedom Fighters

135. New Armenian Resistance(NAR)
136. Ninth of June Organization
137. Omega-7
138. Orange Volunteers(OV)
139. Orly Organization
140. Oromo Liberation Front(OLF)
141. Padanian Armed Separatist Phalanx
142. Palestine Liberation Organization(PLO)
143. Palestinian Islamic Jihad(PIJ)
144. Palestinian Popular Struggle Front(PSF)
145. Pattani United Liberation Organization(PULO)
146. People's Liberation Army of Kurdistan(ARGK)
147. Polisario Front
148. Popular Front for the Liberation of Palestine(PFLP)
149. Popular Front for the Liberation of Palestine – General Command(PFLP-GC)
150. Popular Resistance Committees
151. Popular Self-Defense Forces(FAP)
152. Puerto Rican Resistance Movement
153. Real Irish Republican Army(RIRA)
154. Rebel Armed Forces
155. Red Hand Defenders(RHD)
156. Republic of New Africa
157. Resistenza Corsa
158. Revolutionary Eelam Organization(EROS)
159. Revolutionary Organization 17 November(RO-N17)
160. Revolutionary Organization of Socialist Muslims
161. Revolutionary Struggle
162. Revolutionary Violence Group(RVG)

163. Riyad us-Saliheyn Martyrs' Brigade
164. Saif-ul-Muslimeen
165. Salah al-Din Battalions
166. Saraya al-Shuhuada al-jihadiyah fi al-Iraq
167. Sardinian Autonomy Movement(MAS)
168. Save Kashmir Movement
169. Self-Defense Groups of Cordoba and Uraba(ACCU)
170. September-France
171. Sihala Urumaya
172. South Londonderry Protestant Volunteers(SLPV)
173. South Londonderry Volunteers(SLV)
174. South Maluku Republic(RMS)
175. Spanish Basque Battalion
176. Spanish National Action
177. Special Purpose Islamic Regiment(SPIR)
178. Sri Nakharo
179. Sudan People's Liberation Army
180. Sword of Islam
181. Syrian Social Nationalist Party
182. Tanzim
183. Tanzim Qa'idat al-Jihad fi Bilad al-Rafidayn
184. Tawhid and Jihad
185. Terra Lliure(TL)
186. The Holders of the Black Banners
187. Third of October Group
188. Tigray Peoples Liberation Front(TPLF)
189. Tontons Macoutes
190. Ulster Defence Association/Ulster Freedom Fighters

191. Ulster Volunteer Force(UVF)
192. United Kuki Liberation Front(UKLF)
193. United Liberation Front of Assam(ULFA)
194. United People's Democratic Solidarity(UPDS)
195. United Self-Defense Forces of Colombia(AUC)
196. Uygur Holy War Organization
197. Zimbabwe African Nationalist Union(ZANU)
198. Zionist Action Group
199. Zomi Revolutionary Army(ZRA)

□ 인종차별주의(Racist) 테러조직

1. Accolta Nazinuale Corsa
2. Actiefront Nationistisch Nederland
3. American Front
4. Aryan Nations(AN)
5. Aryan Resistance Army(ARA)
6. Boere Aanvals Troepe(BAT)
7. Charles Martel Group
8. Clandestini Corsi
9. Covenant Sword and Arm of the Lord(CSA)
10. Fourth Reich Skinheads
11. Hammerskin Nation
12. Kahane Chai
13. Kenkoku Giyugun Chosen Seibatsutai
14. Ku Klux Klan(KKK)
15. Macedonian Revolutionary Organization(VMRO)
16. Masada, Action and Defense Movement
17. National Warriors

18. Oklahoma Constitutional Militia
19. Order, The
20. Resistenza Corsa
21. Russian National Unity
22. Sheriff's Posse Comitatus
23. Waffen SS
24. White Legion
25. White Patriot Party(WPP)

□ 종교주의(Religious) 테러조직

1. 313
2. Abu al-Abbas
3. Abu Bakr al-Siddiq Fundamentalist Brigades
4. Abu Hafs al-Masri Brigade
5. Abu Sayyaf Group(ASG)
6. Aden Abyan Islamic Army(AAIA)
7. al-Aarifeen
8. al-Badr
9. al-Faruq Brigades
10. al-Gama'a al-Islamiyya(GAI)
11. al-Haramayn Brigades
12. al-Intiqami al-Pakistani
13. al-Ittihaad al-Islami(AIAI)
14. al-Mansoorain
15. al-Qaeda
16. al-Qaeda in the Arabian Penninsula(AQAP)
17. al-Qanoon
18. al-Quds Brigades

19. al-Umar Mujahideen
20. Ananda Marga
21. Ansar al-Islam
22. Ansar al-Jihad
23. Ansar al-Sunnah Army
24. Ansar Allah
25. Anti-Communist Command
26. Anti-Zionist Movement
27. Armed Islamic Group
28. Army of God
29. Army of the Followers of Sunni Islam
30. Aum Shinri Kyo
31. Azad Hind Sena
32. Bersatu
33. Black Widows
34. Borok National Council of Tripura(BNCT)
35. Brigades of the Victorious Lion of God
36. Committee for the Security of the Highways
37. Committee of Solidarity with Arab and Middle East Political Prisoners(CSPPA)
38. Covenant Sword and Arm of the Lord(CSA)
39. Dagestan Liberation Army
40. Divine Wrath Brigades
41. East Turkistan Liberation Organization
42. Eastern Turkistan Islamic Movement(ETIM)
43. Egyptian Islamic Jihad(EIJ)
44. Ey Al (Fighting Jewish Organization)
45. Free Aceh Movement(GAM)
46. Free People of Galillee

47. Front for Defenders of Islam
48. Hamas
49. Harakat al-Shuhada'a al-Islamiyah
50. Harakat ul-Jihad-i-Islami(HUJI)
51. Harakat ul-Jihad-i-Islami/Bangladesh(HUJI-B)
52. Harakat ul-Mudjahidin(HuM)
53. Hezbollah
54. Hikmatul Zihad
55. Hisba
56. Hizb-I-Islami
57. Islami Chhatra Shibir(ICS)
58. Islamic Action in Iraq
59. Islamic Army in Iraq
60. Islamic Great Eastern Raiders Front
61. Islamic International Peacekeeping Brigade(IIPB)
62. Islamic Jihad Brigades
63. Islamic Jihad Group(Uzbekistan)
64. Islamic Movement of Uzbekistan(IMU)
65. Islamic Resistance Brigades
66. Islamic Salvation Front
67. Islamic Shashantantra Andolon(ISA)
68. Jaish-e-Mohammad(JeM)
69. Jaish-ul-Muslimin
70. Jamiat ul-Mujahedin(JuM)
71. Jammu and Kashmir Islamic Front
72. Jemaah Islamiya(JI)
73. Jenin Martyrs' Brigade
74. Jewish Defense League(JDL)

75. Kach
76. Kahane Chai
77. Kumpulan Mujahidin Malaysia(KMM)
78. Lashkar-e-Jabbar(LeJ)
79. Lashkar-e-Taiba(LeT)
80. Lashkar-I-Omar
81. Libyan Islamic Fighting Group(LIFG)
82. Lord's Resistance Army(LRA)
83. Mahdi Army
84. Moro Islamic Liberation Front(MILF)
85. Moro National Liberation Front(MNLF)
86. Moroccan Islamic Combatant Group
87. Movement of Islamic Action of Iraq
88. Movsar Baryayev Gang
89. Mujahideen KOMPAK
90. Mujahideen Message
91. Muslim United Army
92. Muslims Against Global Oppression(MAGO)
93. Oklahoma Constitutional Militia
94. Palestinian Islamic Jihad(PIJ)
95. Pattani United Liberation Organization(PULO)
96. Popular Resistance Committees
97. Riyad us-Saliheyn Martyrs' Brigade
98. Russian National Unity
99. Saif-ul-Muslimeen
100. Salafist Group for Call and Combat(GSPC)
101. Salah al-Din Battalions
102. Saraya al-Shuhuada al-jihadiyah fi al-Iraq

103. Sihala Urumaya
104. Sipah-e-Sahaba/Pakistan(SSP)
105. Special Purpose Islamic Regiment(SPIR)
106. Sri Nakharo
107. Students Islamic Movement of India(SIMI)
108. Sword of Islam
109. Takfir wa Hijra
110. Taliban
111. Tanzim Qa'idat al-Jihad fi Bilad al-Rafidayn
112. Tawhid and Jihad
113. The Holders of the Black Banners
114. Tunisian Combatant Group(TCG)
115. Turkish Hezbollah
116. Turkish Islamic Jihad
117. Uganda Democratic Christian Army(UDCA)
118. United Tajik Opposition(UTO)
119. Usd Allah
120. Uygur Holy War Organization
121. Yemen Islamic Jihad
122. Zionist Action Group

□ 우파보수주의(Right-Wing Conservative) 테러조직

1. Anti-Terrorist Liberation Group
2. Argentine Anti-Communist Alliance
3. Azad Hind Sena
4. Charles Martel Group
5. Kenkoku Giyugun Chosen Seibatsutai
6. Night Avengers

7. Secret Organization Zero
8. Sekihotai
9. Self-Defense Groups of Cordoba and Uraba(ACCU)
10. Sihala Urumaya
11. Spanish Basque Battalion
12. Spanish National Action
13. United Self-Defense Forces of Colombia(AUC)
14. White Legion
15. Youth Action Group

□ 우파반동주의(Right-Wing Reactionary) 테러조직

1. Anti-Communist Command
2. Anti-Zionist Movement
3. Arizona Patriots(AP)
4. Boere Aanvals Troepe(BAT)
5. Covenant Sword and Arm of the Lord(CSA)
6. December 20 Movement
7. Fatherland and Liberty Nationalist Front
8. Montana Freemen
9. National Warriors
10. Oklahoma City Bombing Conspirators
11. Oklahoma Constitutional Militia
12. Republic of Texas(RoT)
13. Sheriff's Posse Comitatus
14. United Self-Defense Forces of Venezuela(AUV)

참고 문헌

구로이 분타로 지음, 김효진 옮김(2001), 「세계테러와 조직범죄」(서울: 일송미디어).

로레타 나폴레오니 지음, 이종인 옮김(2004), 「모던 지하드: 테러, 그 보이지 않는 신경제」(서울: 시대의창).

요나 알렉산더, 마이클 S. 스웨트남 지음, 김병국 옮김(2001), 「빈 라덴과 알 카에다: 가장 공정하고 정확한 보고서」(서울: 동아시아).

요제프 보단스키 지음, 최윤자 · 이윤섭 옮김(2001), 「오사마 빈 라덴」(서울: 도서출판 명상).

최진태(2005), 테러조직 알 카에다 해부: 기원과 역사, 「군사저널」, 8월호.

———(2005), 테러조직 알 카에다 해부: 조직 목표, 구조 및 재정, 「군사저널」, 9월호.

———(2005), 테러조직 알 카에다 해부: 테러 네트워크, 「군사저널」, 10월호.

———(2005), 테러조직 알 카에다 해부: 테러 자행 능력과 테러 자행 과정, 「군사저널」, 11월호.

———(2005), 테러조직 알 카에다 해부: 대테러 전쟁과 알 카에다 전략, 「군사저널」, 12월호.

———(2005), 런던 동시다발 폭탄테러사건, 「통일한국」, 8월호.

———(2005), 테러의 시대, 한국은 안전한가?, 「위험관리」, 가을호.

———(2006), 국제 테러조직의 현황, 전략 및 전술, 「군사저널」, 1월호.

Al Qaeda: Profile and Threat Assessment(2005), Congressional Research Service, August 17.

Al Qaeda: Statements and Evolving Ideology(2005), Congressional Research Service, June 20.

Al-Qaida: The Threat to the United States and Its Allies, testimony of Amb(2004), J. Cofer Black, Coordinator for Counterterrorism, before the House International Relations Committee, April 1.

al-Zawahiri, Ayman, *Knights under the Prophet's Banner*, published as a serialized book by the London Al-Sharq Al-Awsat. English translation available at: www.fas.org/irp/world/para/ayman_bk.html

Banlaoi, Rommel C.(2004), *War on Terrorism in Southest Asia* (Manila: Rex Book Store).

Becker, Jillian(1984), *The PLO: The Rise and Fall of the Palestine Liberation Organization* (London: George Weidenfeld and Nicolson).

Bensinger, Gad J.(1983), The Israel Police and Terrorism Management, *Journal of Crime and Justice*, Vol. 6.

Burke, Jason(2004), *Al-Qaeda : The True Story of Radical Islam* (New York: I.B. Tauris & Co.

——(2004), *Al-Qaeda: Casting a Shadow of Terror* (New York: I.B. Tauris & Co.

CIA report on Islamic Jihad(1984), Central Intelligence Agency. Issue Date: Oct 4.

CRS Report RL31119, *Terrorism: Near Eastern Groups and State Sponsors*, 2002, by Kenneth Katzman, updated February 13, 2003.

CRS Report RL31263, *Abu Sayyaf: Target of Philippine-U.S.* Anti-Terrorism Cooperation, by Larry Niksch, updated April 8, 2003.

CRS Report RL31772, *Terrorism in Southeast Asia*, Mark Manyin, by Richard Cronin,Larry Niksch, and Bruce Vaughn, updated November 18, 2003.

Esther, Webman(2002), It Was Written on the Wall – Usama Bin Ladin, the Man and his Deeds, *Data and Analysis Series*(Tel Aviv: The Moshe Dayan Center for Middle Eastern and African Studies).

Gunaratna, Rohan(2000), Suicide Terrorism: A Global Threat. *Jane's Intelligence Review* (20 October).

——(2003), *Inside Al Qaeda: Global Network of Terror* (New York: Berkely Books).

——(ed.)(2003), *Terrorism in the Asia-Pacific: Threat and Response* (Singapore: Wastern Universities Press).

——(ed.)(2004), *The Changing Face of Terrorism* (Singapore: Wastern Universities Press).

Halliday, Fred(2005), A Transnational Umma: Reality or Myth?, October 7, at: http://www.opendemocracy.net/globalization/umma_2904.jsp

Hoffman, Bruce(2004), The Changing Face of Al Qaeda and the Global War on Terrorism, *Studies in Conflict and Terrorism*, 27: 549-560.

Hoffman, Bruce(1998), *Inside Terrorism* (New York: Columbia University Press).

James, Bruce(1995), Arab Veterans of the Afghan War, *Jane's Intelligence Review*, Section: Middle East, Vol. 7, No. 4, (April).

Kaplan, David E.(2000), Aum Shinrikyo, *Toxic Terror: Assessing Terrorist Use of Chemical and Biological Weapons*, edited by Jonathan B. Tucker (Cambridge, Mass.: MIT Press).

Pentagon Background Briefing on Al Qaeda Terrorist Network, February 19, 2002.

Paz, Reuven(2002), Qa'idat al-Jihad: A New Name on the Road to Palestine, ICT website, May 7, at: www.ict.org.il/articles/articledet.cfm?articleid=436.

Qaeda, Al(2005), *Al Qaeda Training Manual* (New York: Pavilion Press).

Shaul, Shay(2004), *The Terror Triangle in the Red Sea* (Herzliya: IDC).

Summary of Jose Padilla's Activities with Al Qaeda, as released by the Department of Justice, 1 June 2004.

Text of Al-Zarqawi Message Threatening More Attacks April 6, 2004.

US Department of State, Office of the Coordinator for Counterterrorism, Country Reports on Terrorism 2004, Department of State Publication 11248, April 2005.

U. S. Department of State, Fact Sheet: The Charges Against International Terrorist Usama bin Laden, www,usembassy.state.gov/post/af1/wwwh001.html

U.S. Department of State(2002), *Patterns of Global Terrorism*.

Yossef, Bodansky(1999), *Bin Laden – The Man Who Declared War on America*, (California: Prima).

찾아보기

ㅂ

저자 소개

최진태(崔鎭泰)

〈약력〉

- 순천대학교 사범대학(학사, 전공: 사회교육, 부전공: 영어교육)
- 연세대학교(석사, 전공: 외교안보, 대테러 보안)
- 영국 세인트 앤드류스대학교 석·박사 통합대학원(석·박사, 전공: 대테러 보안)
- 영국 테러리즘 및 국제분쟁연구소 객원 연구위원
- (현) 씨엔에스디펜스(주) 사외이사
- (현) 군사저널 대테러 자문위원 겸 편집위원
- (현) 전남경찰청 국가 대테러 협상 전문위원
- (현) 청와대 경호실 제 101 경비단 대테러 자문위원
- (현) 소방방재청 인적재난 R&D 사업 테러안전 분야 실무위원
- (현) 캄보디아 내무부 정책자문위원
- (현) 한국테러리즘연구소 소장

〈저서〉

- *Aviation Terrorism*(London: Macmillan, 1994)
- 테러, 테러리스트 & 테러리즘(서울: 대영문화사, 1997)
- *Police Administration and Crime*(Seoul: Nexus Press, 1999)
- 인명과 재산 보호를 위한 폭탄테러 대응 매뉴얼(서울: 한국테러리즘연구소, 2004)
- 테러리즘의 이론과 실제(서울: 대영문화사, 2006)

〈주요 논문〉

- Aerial Intrusions and Soviet Downing of KAL 007」
- 항공 테러리즘의 발생 현황과 전망
- 북한의 테러리즘에 관한 연구
- 해적행위의 본질, 발생 현황 및 조직·기술적 접근방법에 관한 연구」
- 사이버 테러리즘의 본질과 전망

· 국제테러리즘의 기원과 변천
· 국제테러리즘 발생 현황과 한국의 대응 전략
· 뉴테러리즘의 특징과 국제사회의 대응 동향
· 국제테러리즘의 역사적 교훈과 대(對)테러리즘 발전 방안
· Terrorism in South Korea
· 자살테러의 메커니즘
· 항공테러리즘 방지를 위한 대테러 보안정책 발전 방향」
· 국제 테러조직의 현황, 전략 및 전술 외 다수

〈기 타〉
· KBS, MBC, SBS, YTN 등 국내 TV와 라디오, 일본 아사히 TV, 미국 Voice of America(VOA) 등의 테러 및 대테러 관련 프로그램에 Commentator로 100 여회 이상 출연
· 조선, 중앙, 동아일보 등 일간신문 및 전문학술지에 테러 및 대테러 관련 기고와 인터뷰 100여 회
· 군, 경찰, 정부 및 민간 기관에 국제 테러정세, 대테러 전략 및 전술, 대테러 생존 기법 등에 대한 강의 200여 회 실시

알 카에다와 국제 테러조직

펴낸날 / 제1판 제1쇄 2006년 6월 30일
지은이 / 최진태
펴낸이 / 임춘환
펴낸곳 / 도서출판 대영문화사
주소 / 서울 용산구 청파동 1가 178-2 ㊌ 140-869
등록 / 1975년 12월 26일 제3-16호
전화 / (02)716-3883, (02)714-3062
팩시밀리 / (02)703-3839
우체국 온라인 / 011353-02-009106

ISBN 89-7644-215-6

〔값 12,000원〕